A MA GRAND'MÈRE,

MADAME COLLIGNON.

H. HENRIET.

FACULTÉ DE DROIT DE STRASBOURG.

PROFESSEURS.

MM. **Rauter**, doyen et professeur de procédure civile et de législation criminelle.
Hepp, professeur de Droit des gens.
Heimburger, professeur de Droit romain.
Thieriet, professeur de Droit commercial.
Aubry, professeur de Droit civil français.
Schützenberger, professeur de Droit administratif.
Rau, professeur de Droit civil français.
Eschbach, professeur de Droit civil français.

PROFESSEURS SUPPLÉANTS.

MM. **Destrais**, professeur suppléant.
Chauffour, professeur suppléant provisoire.

M. **Pothier**, secrétaire, agent comptable.

M. **Schützenberger**, président de la thèse.

Examinateurs MM. **Schützenberger**, **Rau**, **Eschbach**, **Rauter**, professeurs. **Chauffour**, professeur suppléant provisoire.

La faculté n'entend ni approuver ni désapprouver les opinions particulières au candidat.

UNIVERSITÉ DE FRANCE.

ACADÉMIE DE STRASBOURG.

ACTE PUBLIC

POUR LE DOCTORAT,

PRÉSENTÉ

A LA FACULTÉ DE DROIT DE STRASBOURG,

ET SOUTENU PUBLIQUEMENT,

Le Mardi 14 décembre 1847, à midi,

PAR

HENRI-JOSEPH HENRIET,

DE SARREBOURG (MEURTHE).

STRASBOURG,

IMPRIMERIE DE G. SILBERMANN, PLACE SAINT-THOMAS, 3.

1847.

JUS ROMANUM.

De obligationibus sub conditione et de obligationibus sub die.

PARS PRIMA.

De obligationibus sub conditione.

Conventiones quas inter se celebrare solent homines, non modò pure concipi, sed et sub conditione iniri posse, extrà omne dubium positum est.

Nec minùs certum, conventione pure conceptâ, illicò obligationem perfectam esse; cùm ex contraria parte, conditione contractui adjectâ, diversum obtineat. Et quidem de hoc Justinianus ità sanxit[1]. *Sub conditione stipulatio sit, cùm in aliquem casum differtur obligatio.*

In conditione opportet ut futurus atque incertus sit eventus. Indè non faciunt conditionale negotium, nec eæ conditiones quæ ad tempus præteritum vel præsens referuntur[2], nec necessariæ, ut vocantur, id est, quæ omninò sunt exstituræ.

[1] § 4, Inst. de verb. obl.

[2] § 6, Inst. de verb. obl. L. 37, D. de reb. cred., XII, 1; L. 100, D. de verb. obl., XLV, 1.

Conditiones verò sunt 1° aut *suspensivæ*, ità ut, donec impleantur, imperfectum sit negotium [1].

Effectus hujus modi conditionis non modo actionem et petitionem sed et obligationem suspendit et differt. Quamdiù conditionis eventus non acciderit, debitum non intelligitur; spes tantùm est debitum iri [2].

Igitur, si stipulatio sub conditione concepta, ex præsenti et statim vires capit, non est quià illicò obligationem, sed quia spem obligationis et debiti parit.

Ex eâ spe, cùm quis sub conditione stipulatus furit, etsi antè conditionem decesserit, posteà conditione existente, hæres ejus agere potest [3].

Idque afferitur in oppositione ad id quod in legatis juris est. In his legatario antè conditionis existentiam defuncto, ad ejus hæredem nil juris devolvitur, etiamsi conditio posteà existat. In ultimis enim voluntatibus testatores honoratorum duntaxat personis prospicere voluisse censentur, cùm in contractibus non modò nobis, sed etiam heredibus nostris acquirere solemus.

Pendente conditione, stipulatio perimitur si res

[1] L. 4, D. de in diem addic., XVIII, 2; L. 8, D. de per. et comm. rei vend., XVIII, 6; L. 7, D. de contræhend. empt., XVIII, 1.

[2] § 4, Inst. de verb. obl.

[3] § 25, Inst. de inut. stip. L. 8, D. de per. et comm. rei vend., XVIII, 6.

extincta fuerit. Si extet res, licet deterior effecta, potest dici esse damnum creditoris[1].

Sub conditione debitum, per errorem solutum, repeti potest condictione indebiti[2].

Existente conditione, evenit id quod in conditione positum est, quasi ab initio purè constitisset[3].

Eâ vero deficiente, pro nihilo habetur negotium conditionale.

2° Sunt quoque conditiones *resolutivæ*, quæ puram ab initio reddunt conventionem, at sub conditione resolvendam[4].

Resolutio generaliter fit ex tunc, id est, existente conditione, ab initio nil actum videtur[5].

Conditio resolutiva expressè stipulata, effectum producit de pleno jure et ad contractum resolvendum, contrahentibus competit actio ex contractu[6].

Si non expressè stipulatur conditio, resolutionis casus ad judicis cognitionem remittendi sunt[7].

Aliud conditionum genus est, *affirmativarum*,

[1] L. 8, D. de per. et comm. rei vend., XVIII, 6.

[2] L. 16, D. de cond. ind., XII, 6.

[3] L. 59, D. de her. inst., XXVIII, 5; L. 105, D. de cond. et demons. XXXV, 1.

[4] L. 2, D. de in diem add., XVIII, 2; L. 3, D. de contr. emp., XVIII, 1.

[5] L. 12, C. de contr. stipul., VIII, 38.

[6] L. 3 et 5, D. de lege commis., XVIII, 3.

[7] L. 125, § 2, D. de verb. obl., XLV, 1.

quæ dependent à facto, et *negativarum*, quæ à non facto conceptæ sunt[1].

In conditione negativâ potestativâ, perindè esse ac si stipulatum esset, *cùm moreretur sibi dari*, facilè intelligendum est.

In conditionibus tandem sunt *casuales*, quarum quidem eventus aut ex solâ fortunâ, aut ab alieno arbitrio, totus pendet; et *potestativæ*, quæ voluntati ejus personæ, ad quam pertinet jus conditionale subjiciuntur; et *mixtæ*, in quibus utrumque et casus et privatum arbitrium, concurrat, necesse est[2].

Nulla tamen promissio potest consistere quæ ex merâ voluntate promittentis statum capit[3].

Quod si *impossibilis* conditio, id est, quæ in casum, cujus eventus naturâ aut lege prohibetur, concepta est[4], stipulationi adjuncta fuerit, quæritur utrùm stipulatio nulliùs momenti sit?

Destinguendum esse censemus, utrùm impossibile sit in *faciendo* an in *non faciendo*.

Sin in non *faciendo*, conventio non infecta habetur[5], ob certitudinem hujus conditionis, et impossibilitatem non existentiæ. Validum etiam negotium esset, in quo adscripta fuisset conditio non faciendi

1 L. 7 et 67, D. de cond. et dem., XXXV, 1; § 4, Inst. de verb. obl.
2 L. un., § 7, C. de cad. tollen.
3 L. 108, D. de verb. obl., XLV, 1.
4 L. 35, pr. et § 1, et L. 137, § 6, D. de verb. obl., XLV, 1.
5 L. 7, D. de verb. obl., XLV, 1.

rem *illicitam* vel lege *non permissam.* Sin impossibile in *faciendo*, stipulatio vitiatur[1].

Quod autem agitur in institutionibus heredis, legatis et fideicommissis, quibus adjecta est conditio impossibilis in faciendo, huic assertioni obstare videtur; nam Justinianus[2] scribit, talem conditionem in ultimis voluntatibus pro non scriptâ haberi, voluntate defuncti integra et inconcussa manente.

Tacitè vel *expressè* insunt conditiones negotiis[3].

Tacitè, perindè ac si stipulatio ex re ipsâ dilationem capit: veluti si, id quod in utero sit, aut fructus futuros, aut domum ædificandam stipulatum sit; tunc enim incipit actio, cum ea per rerum naturam præstari possunt[4].

Diversis conditionibus disjunctìm positis, eam conditionem eligere potest debitor quæ sibi levior esse videbitur[5].

Dùm pendet conditio receptum est, quoties per eum, cujus interest conditionem non impleri, non impletur conditio, perindè haberi ac si impleta fuisset[6].

1 L. 7, D. de verb. obl., XLV, 1; L. 31, D. de oblig. et action., XLIV, 7.

2 § 10, Inst. de hered. inst.; L. 3, D. de cond. et dem., XXXV, 1.

3 L. 195, D. de reg. juris, L, 17.

4 L. 73, D. de verb. obl., XLV, 1, et L. 1, § 3, D. de cond. et dem., XXXV, 1.

5 L. 51, D. de cond. et dem., XXXV, 1.

6 L. 161, D. de reg. juris, L, 17; L. 50, D. de contr. empt., XVIII, 1; L. 3, § 3, C. communia de legatis, VI, 43.

Cavendum tandem in contractibus, ne conditionem confundamus cum lege dandi aliquid vel faciendi. Lex dandi faciendive est, cùm id agitur, ut alter ex contrahentibus ad dandum faciendumve obligetur; eaque lex non suspendit contractum.

Conditio autem est, cùm id non agitur, ut alter ex contrahentibus obligetur ad dandum faciendumve quod in conditione positum est, sed id agitur, ut suspendatur obligatio, donec hoc datum factumve fuerit.

PARS SECUNDA.

De obligationibus sub die.

Dies est eventus futurus qui necessario advenire debet.

Sub die inita est obligatio hoc modo, ut dies obligationi adjiciatur quâ pecunia solvatur[1].

Negotium *ex die* vel *in diem* incipit; tùm creditor rectè agere non potest, priusquàm dies venerit[2]; nam in favorem plerumque debitoris seu stipulatoris dies adjicitur, nisi aliter conventum fuerit[3]; licet equidem debitori, etiam antè diem adventum, solvere[4].

[1] L. 21 pr.; L. 22 pr., D. quando dies leg., XXXVI, 2; L. 43, de lega., XXXI, 2.

[2] L. 44, § 1, D. de obl. et act., XLIV, 7.

[3] L. 17, D. de reg. juris, L, 17.

[4] L. 70, D. de solut., XLVI, 3.

Sed quod antè diem solutum est, etiam per errorem, repeti sicut indebitum non potest; nam sub die debitor est immutabiliter debitor[1].

Aut *ad diem* negotium constituitur, id est, die existente, finitur jus ejus modi adjectione circumscriptum.

Tempus quidem non est modus tollendæ obligationis; sed planè pacti conventi exceptione repelli creditor poterit[2].

In utroque genere, multùm interest dies ne sit incertus, quod advenire potest duobus modis :

1° *Si futurus sit,* et instar conditionis est[3];

2° *Quandò exstiturus sit ;* tùm dies habetur verus.

Plerumque tamen dies, *quandò extiturus sit,* ultimas voluntates facit conditionales[4].

Stipulatio olim sub die, *cùm moriar,* concepta, nullius erat momenti; sed imperatori Justitiano talem stipulationem valere placuit[5].

Quandò dies obligationi non adjecta est, solutio statim exigi potest, nisi locus solutionis moram inducat[6].

Sciendum est nunc quid sit *diem venire, diem cedere?*

1 L. 10, 16, 18, D. de condict. ind., XII, 6.

2 § 3, Inst. de verb. obl., L. 56, § 4, D. eod. tit. XLV, 1.

3 L. 75, D. de cond. et dem., XXXV, 1 ; L. 16, D. de cond. ind., XII, 6.

4 L. 75, D. de cond. et demonst., XXXV, 1.

5 § 13, Inst. de inut. stip., L. unic. c. IV, 2 ; L. 21, pr. D. quando dies leg. XXXVI, 2.

6 L. 73, D. de verb. obl., XLV, 1 ; L. 186, D. de reg. jur., L, 17.

Nimirùm in obligationibus *cedere diem* significat incipere deberi pecuniam; *venire diem*, eum diem venisse, quo pecunia peti potest.

Ubi purè quis stipulatus fuerit, et cessit et venit dies, simul et statim.

Ubi in diem, cessit dies, nondùm venit.

Ubi sub conditione, neque cessit, neque venit dies, pendente adhuc conditione[1].

Quid stipulatio præspoterè concepta, id est, quæ sub conditione et sub die differtur?

Olim inutilis erat, cum dies conditionem antecederet; sed illam stipulationis conceptionem, semper et purè conditionalem fecit Justinianus[2].

Quod modum attinet termini computandi, discernendum est :

1° Si dies ad quem, certus est, nihil eo ipso die, in quem stipulatio facta est, peti potest, quia totus is dies arbitrio solventis tribui debet. Neque enim certum est eo die in quem promissum est datum non esse, priùsquam is præterierit[3]. Quod igitur aliquo anno quis promittit, aut dare damnatur, ei potestas est quolibet ejus anni die dandi.

2° Si dies ad quem, incertus est; sequitur regula : dies à quo non computatur in termino.

[1] L. 213, D. de verb. sign., L, 16.

[2] § 14, Inst. de inut. stip.

[3] § 2, Inst. de verb. obl., L. 42, D. eod. tit. XLV, 1.

DROIT CIVIL FRANÇAIS.

Des obligations conditionnelles et des obligations à terme.

CHAPITRE PREMIER.

DES OBLIGATIONS CONDITIONNELLES.

(Code civ., art. 1168 à 1185.)

§ I. *Nature de la condition.*

Dans l'acception la plus étendue du mot, les conditions sont les clauses particulières qu'on insère dans les contrats, pour en étendre ou en modifier les effets ordinaires, comme quand on dit : *les clauses et conditions* d'un contrat. Mais dans le sens propre du mot on appelle condition un événement *futur et incertain*, auquel se trouve subordonnée la force juridique d'une obligation (Code civ., art. 1168; MM. Rau et Aubry, t. II, § 302; M. Marcadé, *Élem. de Droit civil*, sur l'art. 1168; Duranton, t. XI, n° 5; Toullier, t. VI, n° 468; *Répertoire du notariat*, v° Condition).

Il en résulte qu'un événement passé ou présent, mais ignoré des parties, ne saurait être considéré comme la condition d'un contrat; et en effet, ainsi que le disent les lois romaines (L. 100, *D. de verb. obl.*, 45, 2; § 6. *Inst. eod. tit.*), un événement déjà accompli dont on veut faire dépendre l'obligation, *aut statim perimit obligationem, aut omnino non differt;* cela est sensible. Il faut donc voir un vice de rédaction dans le premier alinéa de l'art. 1181, qui dit que la condition suspensive dépend « ou d'un « événement *futur et incertain*, ou d'un événement « *actuellement arrivé, mais encore inconnu des parties.* » Le troisième alinéa de cet article rectifie, il est vrai, jusqu'à un certain point l'inexactitude qui se trouve dans le premier, en disant que dans ce dernier cas « *l'obligation a son effet du jour où elle a été contrac-* « *tée.* » Seulement on ne peut contraindre à l'exécuter qu'après la vérification du fait ignoré des parties. (*Exposé des motifs*, par Bigot-Préameneu, Locré, *Lég.*, t. XII, p. 341, n° 67; Duranton, t. XI, 12 et 73; Toullier, t. VI, 475; Dalloz, t. X, p. 505; Pothier, *des Oblig.*, n° 202; MM. Rau et Aubry, t. II, § 302, note 2.)

Il ne suffit pas pour former une condition que l'événement soit *futur;* il faut encore qu'il soit *incertain* (Code civ., art. 1168, 1181), c'est-à-dire, qu'il puisse arriver ou ne pas arriver. Il en résulte qu'un événement futur, mais qui doit certainement arriver, quoique l'époque où il arrive soit incertaine, ne fait que retarder l'exécution de l'obligation qui est pure et simple, mais ne constitue pas une condition; par exemple la clause, *cum moriar* (Pothier, 203; Duranton, t. XI, 13 et 14. Cpr. Code civ., art. 1040 et 1041); *qui sub conditione stipulatur quæ omni modo exstitura est, purè videtur stipulari* (L. 9, *D. de novat.*, 46, 2). Cependant toute disposition de dernière volonté qui dépend d'un événement de ce genre, renfermant la condition tacite, *si le légataire ne meurt pas avant son accomplissement*, est par là même conditionnelle. La loi romaine disait déjà: *Dies incertus in testamento conditionem facit* (L. 75, *D. de con. et dem.*, 35, 1; Furgole, *des Testaments*, ch. 7, sect. 3, n° 27; Toullier, t. VI, 471; Duranton, t. XI, 14.

Pour qu'une condition soit valable, il faut aussi qu'elle soit d'une chose possible et qui ne soit ni prohibée par la loi, ni contraire aux mœurs (voy. *infrà*, § 3).

Enfin la condition ne doit point détruire la nature de l'obligation (voy. *infrà*, § 2, *condition potestative*).

Quant à ce qui distingue la condition d'avec la disposition connue sous le nom de *mode*, nous observerons que le mode est un pacte accessoire ou clause ajoutée à la convention principale, pour imposer aux contractants certaines obligations qui modifient le contrat ou la disposition, comme par exemple: Je vous vends ma maison 6000 fr., mais vous donnerez en outre 2000 fr. à Caïus (*Répert. de jurispr.*, v° Mode et Partage, § 1; Toullier, t. VI, 409. Dalloz, p. 505).

Mais le mode ne suspend point l'accomplissement ni l'exécution de la convention; il ne doit même être réalisé qu'après cette exécution, *modus est causa quæ sequi prestationem debet* (Cujas, sur la loi 72 *D. de cond. et dem.*, 35, 1, t. Ier, col. 471); car l'intention des contractants est ordinairement qu'une portion de la chose ou de la valeur soit employée ou aide à remplir la charge. Seulement dans le cas où la partie qui doit l'accomplir faillit à son engagement, il devient une véritable condition résolutoire tacite (Code civ., art. 1184).

Enfin la charge ou le mode ne doit jamais être imposé dans l'intérêt de la partie qui s'engage à l'exécuter, mais dans l'intérêt d'un tiers ou de celui qui l'impose, ce qui n'est pas nécessaire pour la condition (Toullier, t. VI, 508).

La différence du mode et de la condition est quelquefois difficile à saisir. Pour y arriver, il importe avant tout de s'attacher aux expressions dont les contractants se sont servis; car les mots sont les signes des pensées (Barry, *de Successionibus*, lib. 17, tit. 3, t. II, p. 290; Toullier, t. VI, 507). Ainsi, par exemple, la particule *si* est le caractère distinctif de la condition dans les contrats comme dans les testaments; au lieu que les particules *afin que*, *ità ut*, *à condition de*, *à la charge de*, forment plutôt un mode.

Si les expressions sont obscures, il faut alors recourir à l'intention présumée des parties. Ainsi, comme nous venons de le dire, la particule *afin que* exprime presque toujours un mode. Cependant si on avait ajouté et *non autrement*, cette même particule constituerait plutôt une condition.

§ II. *Des diverses espèces de conditions.*

Les docteurs et les interprètes ont multiplié les divisions des conditions jusqu'à l'excès. Nous ne parlerons que de celles qui présentent une véritable utilité.

Et d'abord les conditions ne peuvent dériver que de la loi ou de la volonté de l'homme (cpr. Code civ., art. 920, 953 et suiv., 1184, 1588 et 1657). Ainsi le changement des circonstances dans lesquelles l'obligation a pris naissance ne constitue, *ipso jure*, une condition résolutoire dont l'accomplissement entraîne la résolution de l'obligation que lorsque la loi contient à ce sujet une disposition spéciale (MM. Rau et Aubry, t. II, § 302, note 4; voy. par exemple Code civ., art. 701. Cpr. Merlin, *Répert.*, v° Acte sous seing-privé, § 2).

En considérant les faits ou événements que les conditions ont pour objet, on divise les conditions en *casuelles*, *potestatives* et *mixtes*, suivant que leur accomplissement dépend soit du hasard, soit de la volonté de l'une des parties, soit de l'une et de l'autre de ces causes (Code civ., art. 1169, 1170, 1171).

La condition potestative ne produit cependant pas toujours son effet. Ainsi, l'obligation contractée sous une condition *qui en fait dépendre le lien de la seule volonté de celui qui s'oblige*, est nulle ; *nulla promissio potest consistere, quæ ex voluntate promittentis, statum capit* (Code civ., art. 1174; L. 108, § 1, *de verb. oblig.*, 45, 1). Il n'y a point là en effet d'obligation, car il est contraire à l'essence d'une obligation de dépendre uniquement de la volonté de celui qui s'oblige. Le lien de droit, la nécessité morale qui forment l'obligation n'existent plus.

L'art. 1174 indique cette exception, mais par sa généralité il s'applique à toutes les conditions potestatives indistinctement, qui sont laissées au pouvoir du débiteur; et l'on tomberait dans une grave erreur, si l'on prenait à la lettre sa disposition. Les vrais principes sont ceux de Pothier, n° 205, principes que nous avons formulés dans les termes que nous venons d'employer. Il s'agit seulement, en effet, dans l'art. 1174, de ces conditions qui consistent entièrement dans la volonté du débiteur, *in merâ voluntate debitoris*, et dont l'exécution ou la non-exéution résultera de sa seule fantaisie, de cela seul qu'il dira : *sic volo*, et sans qu'il ait rien à faire ni à s'abstenir de rien : *Je vous paierai deux mille francs si cela me convient, si je le juge raisonnable* (L. 46, § 3, *D. de verb. obl.*, 45, 1; L. 8, *D. de obl. et act.*, 44, 7; L. 7, *D. de contr. emp.*, 18, 1; Toullier, t. VI, 494 et 499; Dalloz, *Jurisprudence générale*, n° 4, p. 507, v° Obligation; Duranton, t. XI, 21, 22, 23). Une pareille promesse ne peut évidemment constituer le *vinculum juris*, puisqu'elle revient à dire : *Je serai lié si je veux l'être*; mais il en est tout autrement de la condition potestative *si je vais ou si je ne vais pas à Paris*, qui n'entraîne pas la nullité de la convention, parce qu'ici la condition ne dépend pas seulement de la volonté du débiteur, mais d'un fait qu'il est en son pouvoir d'exécuter (Toullier, t. VI, 495).

Dans le projet, les rédacteurs de l'art. 1174 n'avaient avec raison parlé que de la condition *purement* potestative, et si ce mot a été retranché, ce n'est pas pour changer le sens de la règle, c'est au contraire pour empêcher d'y soustraire certaines conditions qu'on aurait pu en prétendre exceptées, et qui doivent évidemment y être soumises. Ainsi l'on conçoit qu'une condition peut avoir pour objet un accomplissement de fait ou une abstention tellement facile et insignifiante, soit par elle-même, soit par les circonstances, qu'on devra la considérer encore comme consistant *in merâ voluntate debitoris : je vous ferai telle chose si je bois ou non cette bouteille de vin, si je fais ou non telle promenade*, etc.

(M. Marcadé, *Éléments de Droit civil*, t. V, sur l'art. 1174).

Que décider de la clause, *cùm voluero?* Les jurisconsultes romains pensaient qu'elle ne rendait pas nulle l'obligation, et c'est aussi notre opinion (L. 46, §§ 2 et 3, *D. de verb. obl.*, 45, 1). Pothier l'assimile à la clause *si voluero;* mais évidemment cette assimilation est impossible. La clause *cùm voluero* n'implique qu'un délai indéfini à l'accomplissement de la condition qui pourra se prolonger jusqu'à la mort du débiteur; mais elle ne constitue pas une condition purement potestative. L'obligation passera aux héritiers, si le débiteur meurt avant de l'avoir accomplie.

Si la condition potestative rend nulle l'obligation, lorsque la naissance de l'obligation en dépend, elle la laisse valable lorsqu'elle n'est attachée qu'à sa résolution, parce qu'alors il y a un lien préexistant, une obligation selon la loi. L'art. 1659 nous en donne pour preuve la stipulation d'un pacte de rachat, dans laquelle le vendeur se réserve, quand il lui plaira, pourvu que ce soit dans un délai de cinq ans au plus, de reprendre la chose moyennant la restitution du prix et autres prestations....

Ajoutons que l'art. 1174 ne s'applique qu'aux obligations unilatérales et non pas aux obligations synallagmatiques. Dans ces dernières, la partie qui se trouve obligée par suite d'une condition purement potestative peut réclamer l'exécution de l'obligation contractée par l'autre partie; mais alors elle sera de son côté juridiquement tenue d'exécuter l'obligation corrélative à celle dont elle requiert l'accomplissement. La raison en est que l'obligation contractée sous une condition purement potestative de la part de celui envers qui on s'oblige, est valable. Ainsi, les ventes d'objets qu'on est dans l'habitude de goûter avant d'en faire l'achat, doivent être exécutées si l'acheteur en réclame l'exécution (Code civ., art. 1587).

Enfin, l'interprétation que nous avons donnée de l'art. 1174 ne s'applique pas aux donations entre-vifs qui, d'après la maxime, *donner et retenir ne vaut*, sont nulles par cela seul qu'elles dépendent d'une condition simplement potestative de la part du donateur (Code civ., art. 944).

La distinction que nous avons établie entre la condition simplement potestative et la condition purement potestative est d'une haute importance dans la pratique. Ainsi, par exemple, il arrive très-souvent qu'un négociant qui a besoin de fonds s'adresse à un banquier et lui demande un crédit ouvert pour s'en servir au fur et à mesure des nécessités de son commerce. Pour l'obtenir, il offre une hypothèque qui répondra des avances qu'on lui fera, et le banquier accepte la proposition. L'obligation est-elle valable et par suite l'hypothèque remontera-t-elle au jour de la convention? Pour la négative, on dit qu'une pareille obligation est nulle, comme dépendant de la seule volonté du négociant, puisqu'il est en son pouvoir de ne jamais demander de fonds au banquier, et que, par conséquent, l'hypothèque ne prendra rang qu'à partir du moment où les fonds seront livrés, puisqu'autrement elle remonterait à une époque antérieure à l'obligation elle-même. Pour l'affirmative que nous adoptons, on dit avec raison que l'obligation n'est pas nulle, puisqu'elle ne dépend pas seulement de la pure volonté du négociant, mais d'un fait qu'il est en son pouvoir d'exécuter; que, par conséquent, l'hypothèque pouvant être consentie pour sûreté d'une obligation éventuelle, remontera au jour de la convention.

On divise en second lieu les conditions en *positives* ou *affirmatives*, et en *négatives* suivant que, pour leur accomplissement, l'événement qui les constitue doit ou ne doit pas arriver (Pothier, *des Obligations*, n° 200; Furgole, *des Testaments*, chap. 7, sect. 2, n° 13; Toullier, VI, 501; Duranton, XI, 57; cpr. Code civ., art. 1168).

Une troisième division très-importante, à raison des effets de la condition, comprend les conditions *suspensives* et les conditions *résolutoires*, suivant que leur accomplissement donne ou enlève à l'obligation sa force juridique (Code civ., art. 1181 et 1183).

Cette division n'a au fond rien de réel; c'est une

chose de convention, une manière de parler qu'il est bon de suivre, puisqu'elle est générale aujourd'hui, mais qui n'est pas exacte; il n'y a et il ne peut y avoir qu'une seule condition, la condition suspensive. Qu'est-ce en effet qu'une chose conditionnelle? C'est une chose qui existe peut-être et peut-être n'existe pas, dont l'existence est actuellement douteuse et incertaine, dont l'existence est en suspens; au contraire, le droit qui existe dès à présent et qui peut seulement se résoudre, n'est pas et ne peut pas être conditionnel, car précisément pour se résoudre il faut qu'il existe actuellement, et puisqu'il a une existence actuelle et connue, il n'est donc pas affecté de la condition. Il est vrai que lorsqu'une disposition est soumise à une résolution, il y a une condition; mais cette condition ne tombe pas sur le droit; elle affecte la résolution du droit, en sorte que le droit est pur et simple et sa résolution conditionnelle : *Obligatio pura, quæ sub conditione resolvitur* disaient les lois romaines (L. 2, *D. de in diem add.*, 18, 2). Or, la condition qui rend douteuse cette résolution d'un droit pur et simple, est toujours suspensive, et, en conséquence, il n'y a, il ne peut y avoir qu'une espèce de condition, la condition suspensive qui suspend et rend incertaine l'existence de ce à quoi on l'applique. Mais s'il est important de se pénétrer de ces idées, il l'est peu de les exprimer de telle ou telle manière, et puisque l'usage a consacré la distinction des conditions en suspensives et résolutoires, nous accepterons le langage reçu, sans davantage le critiquer. Il est d'ailleurs évident que toute condition ayant un effet rétroactif (Code civ., art. 1179) et la résolution conditionnelle, quand elle s'accomplit, faisant que l'obligation n'a jamais existé, la condition qui porte sur la résolution du droit, porte aussi médiatement, mais nécessairement sur le droit lui-même. Nous remarquerons seulement que lorsqu'il s'agit d'un transport de droits réels d'une personne à une autre, la condition dont on fait dépendre l'existence du droit pour l'une des parties, emporte toujours, par la nature même des choses, la condition opposée pour l'autre partie; en sorte que, si l'acquéreur du droit l'obtient sous condition suspensive, l'aliénateur le conserve sous condition résolutoire, et *vice versâ*.

Il est important de bien distinguer si la condition que les parties ont insérée doit, dans leur intention, être suspensive ou résolutoire, parce que les effets sont entièrement opposés. A cet égard, on suit le sens naturel des termes de l'acte; mais cette règle fléchit devant cette autre que dans les conventions on doit surtout rechercher quelle a été la commune intention des parties contractantes, quand le sens littéral des termes présente quelque obscurité (Code civ., art. 1156). On peut néanmoins établir en règle générale, que lorsque les termes destinés à exprimer l'événement prévu, portent directement sur l'effet primitif de la convention, la condition est suspensive, et que lorsqu'ils portent sur la résolution de cet effet, la condition est résolutoire (Duranton, XI, 44).

Ainsi, par exemple, si je déclare que *le fonds Cornélien vous est vendu pour une somme de 2000 fr., mais qu'il n'y aura pas vente, dans le cas où un autre m'offrirait un prix supérieur dans l'année*, la condition est résolutoire. Si, au contraire, je dis : *La vente du fonds Cornélien vous est faite pour 2000 fr., si un autre ne m'en donne pas davantage dans l'année*, la condition est suspensive: *Nam si quidem*, disaient les lois romaines (L. 2, *D. de in diem adict.*, 18, 2), *hoc actum est, ut meliore allata conditione, discedatur, erit pura emptio, quæ sub conditione resolvitur; sin autem hoc actum est, ut perficiatur emptio, nisi melior conditio afferatur, erit emptio conditionalis* (c'est-à-dire sous condition suspensive).

Les auteurs divisent enfin les conditions en *expresses* et *tacites*, que l'on appelle aussi conditions *de fait* et *de droit* (Furgole, chap. 7, sect. 2, n° 34 et suiv.; Toullier, t. V, 502 et suiv.; Dalloz, t. X, p. 508; Duranton, XI, 37 et suiv.). Les conditions dérivant de la volonté de l'homme sont expresses ou tacites, suivant qu'elles résultent soit d'une clause formelle de la convention, soit de l'intention présumée des parties (Voët, liv. XXVIII, tit. 7, n°s 3 et 4; L. 75, § 2, *de legat.*, 31, 1; Toullier, t. VI, 503). Les conditions dérivant de la loi sont presque toujours tacites, parce que la loi les supplée ou les sous-entend en vertu de l'intention présumée des parties (MM. Rau et Aubry, t. II, § 302; voy. Code civ., art. 960, 955, 920, 953, 954, 1657, 1588; Toullier, *ibid.*).

§ III. *Des conditions que l'on peut imposer.*

Comme les conditions dépendent uniquement de la volonté des contractants, ils y peuvent ajouter telles conditions qu'ils jugent à propos (Pothier, n° 204; Toullier, t. VI, 480). Mais on en excepte les conditions positives *impossibles*, c'est-à-dire celles dont l'accomplissement est physiquement impossible ou légalement interdit (Code civ., art. 1172); *exceptis videlicet quæ impossibilia sunt vel legibus interdicta* (§ 36, *Inst. de legat.*; L. 14, *D. de cond. inst.*, 28, 7).

Il faut cependant apporter à cette exception une restriction dont le Code ne parle pas. En copiant la disposition de l'art. 1172, dans l'alinéa 1er du n° 204 de Pothier, le législateur a eu le tort de ne pas la soumettre à la distinction que cet auteur faisait entre les conditions suspensives et les conditions résolutoires. Pothier, en effet, n'entendait parler que des conditions suspensives, puisqu'il ne s'occupe que de ces dernières dans tout son art. 1er (n°s 198 à 223), et n'arrive aux conditions résolutoires que dans son art. 2 (n°s 214 et suiv.). Notre article, au contraire, en venant après l'art. 1168, se trouve embrasser les conditions résolutoires auxquelles il ne peut être applicable. Ainsi, par cela même que la convention est nulle, quand j'ai dit : *Je vous vends ma maison, si vous arrêtez le soleil*, elle est valable, elle se trouve pure et simple et irrévocable, quand j'ai dit : *Je vous vends ma maison, mais la vente sera résolue si j'arrête le soleil*. L'impossibilité de la chose prévue et la certitude qu'elle n'arrivera jamais, rendent ici impossible la dissolution de l'obligation; comme dans le premier cas, elles en rendent impossible la réalisation.

Il est clair aussi que lorsqu'il s'agira de résolution conditionnelle, la condition de *ne pas faire* une chose impossible ou illicite emportera toujours nullité de l'acte, tandis que cette même condition laisse la convention valable dans le cas d'une obligation soumise à une condition suspensive (Code civ., art. 1173).

La plupart des auteurs ont prétendu que la condition suspensive de ne pas faire une chose illicite ou légalement impossible ne devait pas être assimilée à la même condition négative physiquement impossible, et qu'elle rendait nulle l'obligation qui s'y trouvait soumise. Mais quoique l'art. 1173 ne parle textuellement que des conditions négatives physiquement impossibles, la disposition qu'il renferme ne s'en applique pas moins, par analogie, aux conditions de ne pas faire une chose illicite. Seulement si celui qui s'est engagé sous de pareilles conditions enfreint son engagement, l'obligation sera annulée (voy. en sens contr.: Duranton, t. XI, 35; Toullier, t. VI, 482, note 1; Marcadé, sur l'art. 1173).

Remarquons enfin que la condition impossible qui rend nulle l'obligation qui en dépend, ne vicie en aucune manière les obligations résultant d'une disposition entre-vifs ou testamentaire. Ces obligations sont considérées comme n'étant soumises à aucune condition (Code civ., art. 1172. *Exposé des motifs*, par Bigot-Préameneu; Locré, t. XII, p. 388, nº 59; Toullier, t. V, 485; Duranton, t. XI, 32; Marcadé, sur l'art. 900 et 1172).

Le Droit romain considérait la condition impossible comme non écrite seulement dans les testaments, parce que la cause première d'un testament est censée une libéralité; mais il annulait la donation soumise à cette condition, et peut-être le législateur moderne aurait-il dû se conformer à cette distinction, car les donations sont de véritables contrats....

§ IV. *De l'effet des conditions.*

Nous examinerons d'abord les effets de la condition suspensive, puis ceux de la condition résolutoire.

1º *De la condition suspensive.*

Pour développer les conséquences de cette condition, nous diviserons la matière en plusieurs époques:

celle où la condition est pendante, ou, en d'autres termes, celle où il est encore incertain si elle sera ou non accomplie;

Celle où elle est défaillie;

Celle où elle vient à s'accomplir.

Tant que la condition est en suspens, l'obligation n'a pas de force juridique. Cependant elle existe en germe, et l'espérance qu'a le créancier d'acquérir un droit à la prestation qui en forme l'objet, se transmet à ses héritiers, représentants ou ayans-cause, à moins que le contraire ne résulte d'une déclaration expresse ou de la nature du contrat (Code civ., art. 1122, 1879, al. 2 et 2017), *plerumque tàm hæredibus nostris quàm nobismet ipsis cavemus* (L. 9, *D. de prob.*, 22, 3). Cette transmission d'espérance n'a pas lieu dans les legs conditionnels, par la raison que le legs étant fait en faveur de la personne même du légataire, doit se réaliser en cette personne (Code civ., art. 1040).

Le droit éventuel du créancier peut être cautionné par un gage ou une hypothèque, comme un droit pur et simple; car alors c'est l'espérance de la dette qui se trouve garantie et par suite la dette elle-même, au cas où la condition se réalisera.

Du principe que l'obligation conditionnelle n'a pas de force juridique jusqu'à l'arrivée de la condition, il suit que le débiteur peut répéter, *condictione indebiti*, ce qu'il a payé avant l'accomplissement de la condition (arg. *à contr.* Code civ., art. 1185 et 1186; Pothier, n° 218; MM. Aubry et Rau, t. II, § 302, note 27).

Il en résulte encore que le créancier conditionnel d'une chose déterminée dans son individualité, n'en étant pas encore propriétaire, si cette chose périt, elle périt pour le débiteur (Code civ., art. 1182). La condition s'accomplirait en vain après la destruction de la chose, puisqu'alors l'obligation du débiteur, du vendeur par exemple, ne peut plus naître faute d'objet, et que par suite celle du créancier ou de l'acheteur ne peut plus naître faute de cause. Le deuxième alinéa de l'art. 1182 s'exprime donc mal en disant que l'obligation du vendeur sera éteinte; elle ne peut pas s'éteindre, puisqu'elle n'a jamais existé; il fallait dire que cette obligation, aussi bien que l'obligation corrélative de payer le prix, ne peuvent plus se former (MM. Rau et Aubry, t. II, § 302, note 29; Toullier, t. VI, 538, à la note; Duranton, t. XI, 74 et 76; Marcadé, t. V, sur l'art. 1182. Voy. aussi L. 12, *D. de reb. cred.*, 12, 1).

Si la chose vendue sous condition, au lieu de périr, *pendente conditione*, a seulement subi des détériorations sans la faute du débiteur, le créancier, à l'arrivée de la condition, a le choix ou de résoudre le contrat, ou d'exiger la chose dans l'état où elle se trouve, sans diminution de prix (Code civ., art. 1182, al. 3).

Si la chose est détériorée par la faute du débiteur, le créancier a le droit de résoudre l'obligation ou de prendre la chose pour le prix moindre qu'elle vaut maintenant, en obtenant, d'ailleurs, dans l'un et l'autre cas des dommages-intérêts (voy. Code civ., art. 1182, al. 4). Nous disons que les dommages-intérêts sont dus dans l'un comme dans l'autre cas, et aussi bien quand l'acheteur optera pour la résolution du contrat que lorsqu'il se décidera à prendre la chose; et, en effet, le tort est plus grand pour lui dans le premier cas que dans le second; si l'indemnité lui est due quand il prend l'objet, détériorié il est vrai, mais pour un prix moindre, et alors que cet objet peut encore lui convenir, quoique moins complétement, comment ne lui serait-elle pas due alors que l'objet ne peut plus remplir son but, et qu'il lui sera peut-être difficile, peut-être même impossible de s'en procurer un autre? Il y a dans les deux cas application évidente de l'art. 1382.

La loi romaine (L. 8, *D. de peric. et commod. rei vend.*, 18, 6) et notre ancien Droit (Pothier, n° 219) décidaient que si avant l'accomplissement de la condition il y avait diminution ou détérioration de la chose sans la faute du débiteur, le créancier devait la subir, sans pouvoir résoudre le contrat, de même que par l'effet rétroactif de la condition il profitait des augmentations qui seraient survenues. Mais cette décision ne s'accordait pas avec le principe suivant lequel, dans le cas de la condition suspensive, il n'y a pas de transport de propriété; ce doit être, en effet, aux risques du débiteur encore propriétaire que la chose diminue ou se détériore, par la même raison qu'elle périrait à ses risques, et quoique ce soit une véritable exception à l'effet rétroactif de la condition, logiquement le créancier doit pouvoir s'en autoriser pour résoudre le contrat. D'ailleurs, comment pourrait-on, pour critiquer cette opinion, argumenter de ce que le créancier profitera des augmentations qui surviendront? Le débiteur qui, même sous une condition suspensive, s'est obligé à livrer une chose, n'est-il pas par cela même supposé avoir renoncé aux augmentations accessoires pour le cas où la condition s'accomplira...?

Lorsque la condition est en suspens, la prescription ne court pas contre le créancier en faveur du débiteur (Code civ., art. 2257, al. 1; Duranton, t. XI, 71); mais elle peut courir au profit des tiers détenteurs. Le Droit romain décidait cependant que le tiers acquéreur ne pouvait opposer au créancier ni la prescription *longi temporis*, ni l'usucapion : *ut nec usucapio, nec longi temporis præscriptio procedat* (L. 3, § 3, *C. comm. de leg.*, 6, 43). Cette décision ne peut être suivie sous l'empire du Code qui donne au créancier, avant que la condition soit accomplie, la faculté d'exercer tous les actes conservatoires de son droit (Code civ., art. 1180; Pothier, n° 218).

Du droit que possède le créancier d'un droit soumis à une condition suspensive, avant l'arrivée de la condition, d'exercer tous les actes conservatoires de sa créance, il résulte que lorsqu'une hypothèque a été consentie pour sûreté de l'obligation conditionnelle, le créancier peut prendre inscription, et si la condition se réalise, l'hypothèque aura son rang à partir du jour de l'inscription.

Le créancier peut aussi interrompre le cours de la prescription qui courrait contre lui.

Que décider du cas où le débiteur tombe en faillite, relativement à ces actes conservatoires? Faudra-t-il raisonner d'après la disposition de l'art. 448 du Code de commerce qui concerne l'exigibilité des dettes passives non échues, et admettre le créancier à la distribution, sous la seule condition qu'il donnera caution de rendre aux autres créanciers, dans le cas où son obligation viendrait à défaillir? Évidemment ce parti doit être rejeté, comme peu conforme à la nature des obligations conditionnelles, lesquelles sont plutôt de simples espérances de dettes que des dettes véritables. D'un autre côté, le créancier ne pourra être écarté purement et simplement. Or, nous pensons, qu'en cas de contestation, il y aura lieu d'examiner l'espèce de condition qui a été apposée. Si elle est de nature à devoir s'accomplir ou à manquer dans un temps qui ne sera pas long, le dépôt de la somme que le créancier devrait toucher dans le dividende, si la créance était pure et simple, devra être ordonné ; dans le cas contraire, les autres créanciers doivent être autorisés à écarter le créancier conditionnel, en fournissant caution de rapporter cette somme dans le cas où la condition s'accomplira. Du reste, cette décision se rapporte à la déconfiture comme à la faillite du débiteur; nous verrons plus tard (chap. II, § 4) les motifs de cette assimilation.

Les actes que le créancier peut faire avant l'accomplissement de la condition, ne sont même pas bornés à des actes conservatoires. Ainsi, celui qui a sur un immeuble un droit suspendu par une condition, peut consentir sur cet immeuble une hypothèque soumise aux mêmes conditions que son droit, d'où il résulte, par identité de raison, qu'il pourrait aliéner sous la même condition, et l'aliénation conservera toute sa force, si la condition s'accomplit.

Examinons maintenant ce qui arrive lorsque la condition suspensive vient à s'accomplir. Dans ce cas, l'obligation est considérée comme n'ayant jamais été soumise à aucune condition ; et, en effet, l'obligation conditionnelle et, en général, tout droit conditionnel, quelle que soit d'ailleurs sa nature, n'est pas un droit qui *existera* ou *n'existera pas* (dans le futur), selon que tel événement arrivera ou non ; c'est un droit qui, sous la condition prévue, *existe* ou non dès à présent; le droit n'a et n'aura jamais aucune existence, si la condition ne s'accomplit pas; il a, au contraire, son existence actuelle, si plus tard la condition se réalise. L'accomplissement de la condition a donc nécessairement un effet rétroactif au moment même du contrat.

Il en résulte que si l'objet de l'obligation est un immeuble déterminé dans son individualité, les droits réels concédés, *medio tempore*, sur cet immeuble par le débiteur, s'évanouissent. Tous les accroissements profitent au créancier, et les fruits que la chose a produits doivent lui être restitués.

Cependant cette dernière conséquence n'est pas généralement admise. Les auteurs, MM. Toullier, t. VI, 541, 545 et 548, et Duranton, t. XI, 82, entre autres, la rejettent, et invoquent pour attribuer au débiteur les fruits qu'il a perçus, *pendente conditione*, le premier, les art. 549 et 550 du Code civil; le second, l'alinéa 3 de l'art. 1182 du même Code, combiné avec la maxime : *eum sequi debent commoda, quem sequuntur incommoda*. Mais d'abord, de quoi s'agit-il dans les art. 549 et 550? D'un tiers qui a acquis une chose *à non domino*, et qui est dispensé de la restitution des fruits en vertu de sa bonne foi, au lieu qu'ici il s'agit d'examiner non pas les rapports de deux personnes étrangères, mais de deux personnes engagées l'une envers l'autre. Ensuite, comment faire un argument de l'art. 1182? Cet article apporte, il est vrai, une exception au principe de la rétroactivité de la condition, mais cette exception ne peut être ici d'aucune valeur. Les cas que la loi n'a pas formellement prévus ne doivent-ils pas se décider par les principes et non par les exceptions? D'ailleurs, M. Duranton n'est pas conséquent avec ses propres opinions. Il prétend, en effet, dans un autre passage de son savant ouvrage (t. XI, 83), que la disposition de l'art. 1182 est vicieuse; mais alors pourquoi s'en servir comme d'un argument, et ne pas se régler d'après le principe de l'art. 1179 (MM. Rau et Aubry, t. II, § 302, note 37; Marcadé, t. V, sur l'art. 1179)?

Si, par l'accomplissement de la condition, les fruits doivent être attribués au créancier, à l'acheteur, par exemple, il est clair par là même que les intérêts du prix devront être payés au débiteur ou au vendeur. Cependant il faudrait décider autrement s'il résultait, en fait, que l'intention commune des parties a été différente.

Il nous reste à voir quels sont les effets de la condition suspensive quand elle vient à manquer. Or, tout ce qu'on peut dire à cet égard est renfermé dans cette maxime des auteurs : *Actus conditionalis, defectâ conditione, nihil est;* maxime tirée de la loi 8, *D. de peric. et commod. rei vend.* (18, 6), qui porte : *Quod si sub conditione res venierit, si quidem defecerit conditio, nulla est emptio, sicuti nec stipulatio.*

Il en résulte, par exemple, que le créancier qui aurait été mis en possession de la chose formant l'objet de l'obligation, serait obligé de la restituer avec tous les accessoires et tous les fruits qu'elle a produits (Toullier, t. VI, 547). Les aliénations qu'il a faites sont anéanties ainsi que les hypothèques qu'il a consenties.

2° *De la condition résolutoire.*

L'obligation sous condition résolutoire est une obligation pure et simple soumise à une résolution conditionnelle (Toullier, t. VI, 548; Marcadé, V, sur l'art. 1183; Duranton, t. XI, 84); l'art. 1665 est une conséquence de ce principe. Elle doit donc s'exécuter immédiatement, sauf à la personne qui profitera de la résolution à prendre les mesures conservatoires de son droit éventuel. Seulement l'exécution de l'obligation doit être révoquée, et toutes ses suites déjà réalisées ou à réaliser encore doivent disparaître si la résolution vient à s'opérer. La résolution s'opère donc d'une manière rétroactive : *Resolutio generaliter fit ex tunc* (Code civ., art. 1183 et 1179).

La condition résolutoire est rarement attachée aux obligations de faire ou de ne pas faire. Cependant, en pareil cas, il faudrait examiner si l'exécution du fait a été accomplie ou si l'abstention du fait a eu lieu avant l'arrivée de la condition, et l'on devrait alors accorder des dommages-intérêts à celui auquel cette exécution ou cette abstention a été imposée et dont l'obligation se trouve résolue.

Parlons plus spécialement des contrats translatifs de propriété. Ainsi, par exemple, s'il s'agit de la vente d'un immeuble sous une condition résolutoire, l'acquéreur est obligé de restituer l'immeuble et d'indemniser le vendeur des détériorations arrivées par sa faute ou par celles des personnes dont il doit répondre ; il n'est pas responsable des détériorations qui sont arrivées par hasard ou par cas fortuit. De son côté, le vendeur est obligé de restituer le prix, et ce que nous disons pour la vente résoluble sous condition s'applique, *mutatis mutandis*, aux autres contrats faits sous la même condition.

Mais évidemment il faut, pour que ces résultats se réalisent, que la condition résolutoire s'accomplisse efficacement, c'est-à-dire à un moment où elle peut produire ses effets. Ainsi, la condition qui vient à s'accomplir après la perte de la chose n'opère pas résolution, puisqu'il n'y a plus d'objet sur lequel puisse frapper la résolution. Je vous vends une maison pour 4,000 fr. à condition que vous me la rendrez, comme moi je vous en rendrai le prix, si Titius revient de tel voyage ; si Titius ne revient qu'après la destruction de la maison, il est clair que je ne devrai pas vous rendre les 4,000 fr. que j'ai reçus, puisque mon obligation n'existe plus faute de cause, de même que vous ne me rendrez pas la maison puisque votre obligation n'existe plus faute d'objet. Cela est d'autant plus sensible que, d'après ce que nous avons dit précédemment, celui qui, dans un transport de droits réels, est créancier sous une condition, se trouve être débiteur sous la condition opposée. Si, d'un côté, telle maison est à vous sous la condition résolutoire que Titius revienne ou non de tel voyage, elle est à moi, vous devez me la rendre sous la condition suspensive du même événement. Par conséquent la règle que porte l'art. 1182 pour le débiteur sous condition suspensive, doit s'appliquer par là même au créancier sous condition résolutoire. Or cet article, qui ne fait d'ailleurs qu'appliquer les principes généraux, décide que le débiteur sous condition suspensive a la chose à ses risques et périls, et la voit périr pour lui puisqu'il en est actuellement propriétaire. Si donc la maison périt pour vous, je ne devrai pas vous en rendre le prix (Marcadé, V, sur l'art. 1183; voyez, en sens contraire, Duranton, t. XI, 91).

Quant aux fruits qui ont été perçus, *pendente conditione*, celui dont le droit se trouve résolu doit aussi en général les restituer; mais il y a des exceptions que nous devons examiner.

Le Code civil en indique quelques-unes dans les art. 856, 928, 958 et 962 qui concernent les donations, et quelques autres dans les art. 1673 et 1682 qui se rapportent à la vente; mais il ne dit rien à cet égard du cas, par exemple, de donations révoquées pour inexécution des clauses sous lesquelles elles avaient été faites, ou de donations faites avec stipulation du droit de retour ou sous toute autre condition résolutoire qui s'est réalisée. Dans le premier cas, les fruits devront être rendus par le donataire, parce que, n'ayant pas rempli ses engagements, il les retiendrait *sine causâ*, sauf à les compenser jusqu'à due concurrence avec ce qu'il aurait payé en prestation annuelle ou autrement, mais aussi sans préjudice des dommages-intérêts qui pourraient être dus au donateur. Dans le second cas, les héritiers du donataire ne doivent point restituer les fruits, attendu que le donateur n'a stipulé le retour que des biens eux-mêmes et n'a entendu anéantir les effets de la donation qu'en ce qui concerne les biens et non les fruits. Le silence du Code relativement aux fruits, confirme cette opinion (Code civ., art. 951 et 952; Duranton, t. XI, 94).

La résolution des contrats translatifs de propriété a non-seulement effet contre celui dont le droit se trouve résolu, mais encore contre les tiers; ainsi, tous les droits, charges, hypothèques et aliénations qui auraient été consentis sur un immeuble par une personne qui n'était propriétaire que sous condition résolutoire, disparaissent; *resoluto jure dantis, resolvitur jus accipientis*. Les tiers n'ont pas raison de s'en dlaindre; car avant d'acquérir ou de prendre hypothèque des biens qui n'appartenaient pas incommutablement à celui avec lequel ils ont contracté, ils pouvaient et devaient s'assurer du titre en vertu duquel il était propriétaire. Un arrêt de la Cour de Besançon qui avait décidé le contraire, a été justement cassé par la Cour suprême (arr. de la Cour de cass. du 2 décembre 1811; Deville, t. III, 1, 432; *Journ. du Pal.*, t. IX, p. 746).

Ces principes développés et spécialement appliqués aux donations dans l'art. 954 du Code civil, se trouvent encore reproduits dans les art. 1664 et 1674 qui concernent les ventes résolues en vertu d'un pacte de rachat. Cependant il y a des exceptions qui sont fondées sur la volonté de l'homme ou qui dérivent de la loi (MM. Rau et Aubry, t. I, § 196; Code civ., art. 958). Il est clair aussi que les conditions résolutoires qui n'auront été stipulées que postérieurement à la translation de propriété, resteront sans efficacité, à l'égard des tiers qui, avant la stipulation de cette condition, auraient acquis des droits réels sur l'immeuble.

Du reste, il est une convention qui, dans tous les cas, reste efficace à l'égard des tiers; le dernier alinéa de l'art. 1673 déclare que les baux faits sans fraude, *pendente conditione*, doivent être exécutés; et cet article s'applique à toutes les clauses résolutoires de quelque espèce qu'elles soient. C'est une conséquence du principe qui a rejeté la maxime du droit romain adoptée par l'ancienne jurisprudence, que le successeur particulier n'est pas tenu de maintenir les baux faits par son prédécesseur : *Successor particularis non tenetur stare colono* (L. 9, *C. de locato*, 4, 65). La maxime contraire est en vigueur sous l'empire du Code (Toullier, t. VI, 576).

Quant aux frais et loyaux coûts du contrat résolu, ils restent à la charge de celui qui a dû les supporter d'après la nature de l'acte, à moins de stipulation contraire (Duranton, XI, 86; voy. cep. Code civ., art. 1673).

Voyons maintenant comment s'opère la résolution :

La condition résolutoire expresse ou tacite, lorsqu'elle est casuelle ou mixte, produit son effet de plein droit, par l'arrivée de l'événement qui la constitue, sans qu'il soit nécessaire de faire prononcer la résolution en justice, sans que le juge puisse décider que la résolution n'est pas opérée par l'arrivée de la condition (Code civ., art. 1183, al. 1). S'il s'élève des contestations sur la manière d'exécuter la résolution, sur les prestations respectives auxquelles elle peut obliger, enfin sur la question de savoir si ou non l'événement de la condition est arrivé, ces contestations devront bien être portées devant le magistrat, mais ce sera une question de fait qui suppose évidemment que la résolution a eu lieu de plein droit, et le magistrat ne pourrait, sans violer la loi, exiger rien de plus que l'événement de cette condition pour opérer la résolution.

Mais comment contraindre à la résolution, si l'une des parties refuse de s'y soumettre? C'est une question importante et néanmoins facile à résoudre avec un peu de réflexion. L'art. 1183 du Code civil dit que l'obligation est résolue, mais il ne dit pas que le contrat le soit. Il reste dans toute sa force pour obliger les contractants à remplir les engagements qui naissent de la résolution. On peut donc agir en vertu de ce contrat, et pour cela deux voies sont ouvertes: l'exécution parée qui se fait par commandement suivi d'exécution, et la simple demande ou action pour citer le réfractaire devant le juge (Toullier, t. VI, 208).

Du reste, le créancier peut renoncer à la résolution qui s'est opérée en sa faveur, mais cette renonciation ne saurait préjudicier aux tiers qui auraient acquis des droits par suite de la résolution. Par exemple, un cautionnement éteint par la résolution ne revivrait pas par la renonciation du créancier (arr. de la Cour de Dijon, confirmé par arr. de cass. du 28 fructidor an XIII; Sirey, t. V, 306). En effet, la renonciation à la résolution est un acte confirmatif qui n'a pas d'effet rétroactif (Code civ., art. 1338, *in fine*).

Si la condition résolutoire expresse ou tacite, lorsqu'elle est casuelle ou mixte, opère son effet de plein droit, il en est tout autrement de la condition résolutoire expresse ou tacite attachée à l'exécution d'une promesse ou d'un engagement; ainsi que du pacte commissoire que la loi sous-entend dans tous les contrats bilatéraux et qui a pour but de permettre à l'une des parties de demander la résolution de l'obligation, si l'autre partie n'exécute pas ses engagements. De pareilles conditions résolutoires n'opèrent leur effet que par autorité de justice; car ici évidemment le juge doit examiner si l'inexécution des engagements ou de la promesse provient de la faute de celui qui s'y est obligé ou s'il en a été empêché par un cas fortuit ou des circonstances indépendantes de sa volonté; dans le premier cas, la résolution devra être prononcée; dans le second, le juge peut la refuser. Si même il l'autorise, il dépend de lui d'accorder au défendeur un délai pour exécuter (Code civ., art. 1184).

Ce qui précède répond aussi à la question de savoir si le pacte commissoire exprès, c'est-à-dire la clause par laquelle les parties stipulent expressément la résolution en cas d'inexécution des engagements de la part de l'une d'elles, produit son effet de plein droit. La condition stipulée est attachée à l'exécution d'un engagement, et par conséquent le juge doit intervenir, comme il intervient dans la résolution provenant du pacte commissoire tacite. Une pareille stipulation n'est pas écrite dans un but absolu, elle ne l'est que dans un but purement relatif au stipulant et avec faculté pour lui de n'en pas user. Elle est forcément soumise à cette restriction sous-entendue, *à moins que le contraire ne résulte des circonstances, ce que le juge appréciera ; ou que la partie qui peut résoudre n'aime mieux tenir au contrat et employer les voies légales pour arriver à son exécution.*

Cependant la résolution devrait avoir lieu de plein droit, si les parties avaient effectivement stipulé qu'elle aurait lieu de plein droit; car les clauses des conventions font la loi des contractants; mais même dans ce cas, si on n'a pas eu soin d'ajouter qu'il ne serait besoin d'aucune sommation ou signification, la résolution ne résultera que de la sommation d'exécuter restée sans effet (Code civ., art. 1656 et 1139).

Au contraire, si on a pris soin de dire que la résolution s'opèrera par le seul fait de la contravention aux engagements *et sans qu'il soit besoin de sommation ni d'aucune autre formalité*, alors la résolution se réalisera *de plano.*

L'ancienne jurisprudence était en opposition directe avec ces principes. Sous son empire, quelles que fussent les expressions dont les contractants s'étaient servis, leur volonté la mieux marquée était impuissante à opérer la résolution de plein droit. Les tribunaux s'obstinaient à juger que les clauses des contrats n'avaient d'effet qu'à l'arbitrage des juges, selon la qualité du fait et des circonstances (Pothier, *du Contrat de vente*, 459; Brodeau sur Louet, lettre P, n° 50).

Dans le Droit romain, au contraire, les clauses des contrats étaient exécutées rigoureusement et à la lettre (voy. L. 12, *C. de contrah. stip.*, 8, 38. Voët *in tit. de usuris*, n° 31).

Le Code civil a choisi un moyen terme entre ces deux législations, et ses dispositions sont au fond et dans de justes limites parfaitement rationnelles.

Dans le cas où la résolution devra être prononcée en justice, s'il s'agit d'un contrat translatif de propriété dont la résolution a effet contre les tiers, il faut d'abord faire prononcer cette résolution contre la partie avant d'attaquer ces derniers. Toutefois on peut les appeler dans la même instance pour voir dire que le jugement sera déclaré commun avec eux.

Il est clair que la partie peut, en faisant prononcer la résolution, obtenir des dommages-intérêts pour le tort que lui cause l'inexécution de la convention, et même si au lieu de demander la résolution elle veut forcer la partie adverse à l'exécution de la convention, dans ce cas encore elle a le droit d'exiger des dommages-intérêts pour le retard dans l'exécution.

La condition résolutoire venant à défaillir, l'obligation est à considérer comme n'ayant été soumise dès le principe à aucune condition.

§ V. *De l'accomplissement des conditions.*

Le premier principe établi dans cette matière par les interprètes du Droit romain est qu'il faut, dans l'accomplissement des conditions, se conformer rigoureusement aux expressions des actes qui les contiennent : c'est la loi que les contractants se sont prescrite; c'est la loi que le testateur a imposée à ses dispositions. En d'autres termes, les conditions doivent être accomplies *in forma specificâ* et non *per æqui pollens*, comme disent les docteurs (Pothier, 206; Furgole, *des Testaments*, ch. 7, sect. 5, n° 3; Toullier, t. VI, 586), Dès lors donc que la volonté des contractants est manifestée expressément et sans équivoque, on doit s'y soumettre avec une obéissance aveugle, sans qu'il soit permis d'examiner si l'accomplissement de la condition doit avoir lieu de telle manière qui serait peut-être plus avantageuse que telle autre.

Ce principe est sage en général; mais comme les langues sont imparfaites et que les rédacteurs des actes ne sentent pas toujours l'étendue et les conséquences des expressions dont ils se servent, il devient souvent difficile de suivre l'interprétation trop littérale des termes.

Sans le rejeter, le Code avec Pothier (art. 206) et avec la raison, décide que c'est là une question d'intention qui devra se décider comme tout point de fait, d'après les circonstances (Code civ., art. 1175; cpr. Code civ., art. 1156; Duranton, t. XI, 43 et suiv.; Toullier, t. VI, 587).

Il en résulte, par exemple, qu'une condition devra être en général réputée non accomplie, lorsqu'elle ne l'a été qu'en partie (Pothier, 215 à 217; Toullier, t. VI, 598 à 607; Duranton, t. XI, 53 à 55).

Il s'ensuit encore que, lorsque la condition a pour objet un fait personnel au créancier, elle doit être remplie par lui et non par ses héritiers ou ses créanciers; mais lorsque le fait a été envisagé en lui-même, plutôt que par rapport à la personne, ce fait peut être accompli même par les héritiers du créancier ou ses créanciers (Duranton, t. XI, 52).

C'est aussi d'après ces principes qu'on devra résoudre la question si diversement agitée par les auteurs, et sur laquelle on trouvait tant de variété dans l'ancienne jurisprudence, savoir: si la condition qui a pour objet la mort d'une personne est accomplie par la mort civile de cette personne.

Il faut distinguer: si en apposant une pareille condition à une obligation, on a eu en vue les effets éventuels de la transmission des biens et des droits de la personne désignée; la condition doit être censée accomplie par la mort civile de cette personne Si, au contraire, les contractants n'ont envisagé que le fait de son existence, la condition n'est censée accomplie que par sa mort naturelle (Toullier, t. VI, 607).

Il est, du reste, admis que celui qui réclame l'exécution d'une obligation doit la prouver comme en sens inverse, celui qui se prétend libéré doit justifier du paiement ou du fait qui produit l'extinction de son obligation (Code civ., art. 1315). Par conséquent, le créancier sous condition suspensive doit justifier l'accomplissement de la condition, puisque c'est l'événement de cette condition qui le rend réellement créancier. *Vice versâ*, celui qui prétend qu'une condition résolutoire s'est opérée en sa faveur, est pareillement tenu de le prouver, puisqu'il est aussi demandeur quant à cet objet.

Quant au temps pendant lequel une condition peut être valablement accomplie, il est d'abord évident que lorsqu'aucun délai n'a été fixé pour cet accomplissement, la condition peut être accomplie à quelque époque que ce soit. Elle peut même l'être après la mort du créancier, à moins qu'il ne s'agisse du cas prévu par l'art. 1040, ou de l'hypothèse exceptionnelle d'un fait personnel au créancier dont nous avons parlé (Duranton, t. XI, 45, Code civ., art. 1176).

Cependant cette règle est trop absolue et pourrait devenir fausse par sa généralité. Ainsi, par exemple, quand je vous ai promis 2000 fr., si vous abattez votre maison qui menace ruine, cette condition devra naturellement être accomplie par vous dans un délai raisonnable, passé lequel mon obligation s'évanouira. Je pourrai donc, en cas de difficulté, faire fixer par le juge un terme après lequel la condition sera défaillie.

Lorsqu'une obligation est contractée sous la condition qu'un événement arrivera dans un temps déterminé, la condition est censée défaillie, lorsque le temps expire sans que l'événement soit arrivé.

Si, au contraire, aucun délai n'a été fixé pour l'accomplissement de la condition, celle-ci n'est censée défaillie que lorsqu'il est certain que l'événement n'arrivera pas (Code civ., art. 1176).

Ce que nous venons de dire sert également à déterminer quand une condition négative est ou non censée défaillie (Code civ., art. 1177).

Ainsi, par exemple, dans le cas où aucun délai n'a été fixé pour son accomplissement, elle ne sera censée accomplie que lorsqu'il sera certain que l'événement de la condition n'arrivera pas. Si donc il s'agit d'une condition potestative négative, elle ne sera censée accomplie que par la mort de celui à la volonté duquel elle est subordonnée. Cela est vrai dans les contrats; voyons si la disposition s'applique aux testaments.

Il y avait dans le Droit romain une grande différence en ce qui concernait les testaments et les contrats soumis à une pareille condition. L'exécution des legs n'était pas suspendue jusqu'à ce qu'il fût certain que le légataire ne manquerait pas à la condition, ce qui eût entraîné l'époque de sa mort. Il pouvait demander l'exécution du legs, en donnant caution de restituer la chose avec les fruits, en cas de contravention; c'est ce qu'on appelait *la caution mucienne*. La raison qu'en donne Cujas (sur la loi 72, *D. de cond. et dem.*, t. Ier, col 471), est qu'une pareille condition est plutôt un mode qu'une condition suspensive dans l'esprit et dans l'intention du testateur. L'interprétation était différente dans les contrats. La condition potestative négative était équivalente à celle *lorsque je mourrai*, *perindè ac si stipulatus esset cùm moreretur sibi dari* (§ 4, *Inst. de verb. obl.*), et la caution mucienne n'était point admise. La raison que nous en donne encore Cujas, c'est que dans les contrats il faut considérer l'intention des deux parties, et, dans le doute, interpréter la clause en faveur de celui qui s'oblige. Cette formule, par exemple, *si vous n'allez pas à Paris*, *je vous donne* 1000 *fr.*, étant équivoque, et pouvant être entendue dans le sens de la condition ou du mode, doit donc l'être dans le sens de la condition qui suspend le paiement; car j'ai le plus grand intérêt à le suspendre et à le retarder jusqu'à votre mort. Si j'avais cru être obligé de payer de suite, et avant qu'il fût certain que vous n'enfreindriez pas la condition de ne pas aller à Paris, il est censé que je n'aurais pas donné mon consentement.

Nous pensons que la même distinction doit être admise sous la législation actuelle. Dans les contrats la condition *si vous ne faites pas*, suspendra l'obligation jusqu'à la mort du créancier. Dans les legs, au contraire, cette condition devra être regardée comme un mode, et, par conséquent, le legs sera exécuté provisoirement, sauf l'action révocatoire en cas de contravention à la condition. Mais puisque le Code n'a point parlé de la caution mucienne et que les lois romaines sont aujourd'hui abrogées, le pouvoir du juge ne pourra pas s'étendre jusqu'à suppléer cette sûreté.

La seule excuse qui puisse être admise, dans le cas où l'on n'a point accompli la condition dans le temps fixé, excuse qui est tirée du Droit romain et parfaitement conforme à la raison et à la justice, c'est lorsque le débiteur, obligé sous cette condition, en a empêché l'accomplissement. La condition est alors censée remplie: *Quicumque sub conditione obligatus, curaverit ne conditio existeret, nihilominùs obligatur* (L. 85, § 7; *D. de verb. obl.*, 45, 1 ; Code civ., art. 1178). Mais il est bien entendu, comme le prouve cette maxime, que le débiteur ait, à dessein, procuré l'empêchement de la condition, *curaverit ne;* il ne suffirait pas qu'il n'en eût été que l'occasion involontaire.

De même, lorsque le débiteur n'a fait qu'user de son droit, quoiqu'il ait empêché par là la condition de se réaliser, la condition n'est cependant pas réputée accomplie (Duranton, t. XI, 61). Ainsi, dit le jurisconsulte Paul, dans la loi 38, *D. de statu liberis* (40, 7); *non omne ab hæredis personâ interveniens impedimentum statu libero pro impletâ conditione cedit, sed id duntaxat quod impediendæ libertatis factum est.*

Devra-t-on décider réciproquement que la condition sera réputée accomplie pour le créancier, s'il a fait ce qui dépendait de lui pour son accomplissement, ou du moins, s'il n'a pas tenu à lui qu'elle ne fût accomplie? Nous croyons que, dans le silence du Code, il faudra s'en référer à l'intention présumée des parties et à une appréciation de circonstances.

CHAPITRE II.

DES OBLIGATIONS A TERME.

(Code civ., art. 1185 à 1188.)

§ Ier. *Du terme, de ses différentes espèces, et de leur computation.*

Le terme est un délai accordé au débiteur pour satisfaire à son engagement.

Le terme est *déterminé* ou *indéterminé*. Il est déterminé lorsque la convention fixe pour l'exécution de l'obligation un jour certain; il est indéterminé, lorsque le jour pris pour terme est incertain (Toullier, t. VI, 651).

Or, le jour peut être incertain de plusieurs manières : il peut y avoir incertitude tout à la fois s'il arrivera et quand il arrivera, en cas qu'il arrive, et cette double incertitude constitue une véritable condition (L. 21, *D. quando dies leg. cedit*, 36, 2).

Il peut y avoir incertitude seulement, si le jour arrivera, quoique l'époque où il arrivera, en cas qu'il arrive, ne soit pas incertaine, par exemple *lorsque vous serez majeur*. Nous pensons que cette incertitude exprimera le plus souvent une condition dans les dispositions entre-vifs et de dernière volonté (L. 49, § 2, *D. leg.* 1°, 30; L. 21 et 22, *D. quand dies leg. ced.*, 36, 2), et qu'il en serait autrement dans les contrats à titre onéreux; la clause, *lorsque vous serez majeur*, n'y exprimera qu'un délai. Dans le doute, il faut toujours recourir à l'intention présumée des parties (Toullier, t. VI, 651 et 520).

Enfin, l'époque où arrivera le jour pris pour terme, peut être incertaine, quoiqu'il soit certain qu'elle arrivera, par exemple, *lorsque je mourrai*. Ce jour forme une condition dans les testaments et un terme dans les contrats (Toullier, t. VI, 474, 651; voy. chap. I, § 1, *Nature de la condition*).

Le terme est *exprès* ou *tacite*, suivant qu'il est formellement stipulé, ou qu'il résulte de la nature même de l'obligation (Code civ., art. 1875 et 1888, § 5, *Inst. de verb. obl.;* L. 75, *D. de verb. obl.,* 45, 1; Toullier, t. VI, 652; Duranton, t. XI, 100; Pothier, 228). Dans toute obligation il y a tacitement un terme qui est du temps nécessaire pour son exécution. Lorsqu'il s'agit d'un prêt fait avec la clause que l'emprunteur paiera, quand il pourra ou quand il en aura les moyens, le juge lui fixe un délai pour se libérer (Code civ., art. 1901).

On distingue enfin le terme de *droit* qui résulte de la convention même expressément ou tacitement ou d'un titre postérieur; et le terme de *grâce* que le juge a quelquefois la faculté d'accorder, sans que les parties en soient convenues (Code civ., art. 1244; Code de proc., art. 122 à 124).

Il est évident que le terme de grâce est contraire à l'exacte justice, qui ne doit jamais voir dans les personnes que les droits qui leur sont légalement acquis et leurs obligations, sans examiner leur situation. Il est en outre impolitique, car il détruit le crédit et la confiance; et quoiqu'il paraisse dicté par des motifs d'indulgence et d'humanité, il peut, en occasionnant des procès, finir par ruiner le débiteur que la loi voulait protéger.

L'autorité judiciaire seule peut apprécier la légalité ou la nécessité du terme de grâce; mais le pouvoir du juge à cet égard est illimité; la loi se borne à lui recommander de n'en user qu'avec réserve, et de n'accorder que des délais modérés. Peut-être eût-il mieux valu adopter les sages précautions de l'ordonnance de 1669, et limiter ce pouvoir exorbitant par un délai déterminé. « La meilleure loi, dit le chancelier Bacon *(Tract. de just. univ.,* aphor. « 46), est celle qui laisse le moins à l'arbitraire du « juge; le meilleur juge, celui qui s'en permet le « moins : *optima lex quæ minimum relinquit arbitrio « judicis ; optimus judex qui minimum sibi.* »

Le juge a le droit non-seulement d'accorder un délai, mais plusieurs délais (Code civ., art. 1244). D'où il suit qu'il pourra même autoriser le débiteur à diviser ses paiements et à fractionner la dette (voy., en sens contraire, Duranton, t. XII, 88, et Dalloz, sect. 1, art. 1, § 5, n° 24); c'est ce qui a été jugé par la Cour suprême, après la Cour royale de Rouen, en rejetant, le 20 décembre 1842, le pourvoi dirigé contre l'arrêt de cette dernière Cour (Devil. et Car., 1843, 1, 223).

Ici s'élève la question de savoir si le pouvoir du juge ne sera pas annulé par une stipulation contraire des parties. M. Toullier (t. VI, 658) soutient l'affirmative, en se fondant sur la discussion qu'a soulevée l'art. 1244 du Code civil au Conseil d'État, et sur le principe que les conventions sont la loi des parties. Ces raisons ne nous semblent pas concluantes. Il est vrai que M. Bigot-Préameneu a déclaré qu'on devait limiter le pouvoir du juge d'accorder des délais au cas où il n'y aurait pas de stipulation contraire; mais comme la restriction qu'il indique n'est pas écrite dans le texte de l'acticle où rien n'y fait allusion, comme elle n'a point été non plus annoncée au corps législatif, dans le discours du gouvernement, la question de savoir dans quel sens le Corps législatif a voté l'article, demeure intacte. Or, le sens dans lequel la loi doit s'appliquer n'est pas celui dans lequel elle a été préparée par le Conseil d'État, mais bien celui dans lequel elle a été votée par les législateurs. Donc, malgré les paroles de M. Bigot, qui se trouvent comme non avenues faute d'avoir été reproduites devant le Corps législatif, la question doit se décider par le texte seul, au moyen des principes généraux et du raisonnement. Mais que signifie l'article? Que le juge peut ordonner un paiement fractionné ou accorder des délais; cette règle est posée d'une manière simple, absolue et sans restriction pour le cas d'une stipulation contraire; nous pouvons donc en conclure que l'article a dû être voté, et doit s'appliquer avec cet effet absolu.

De plus, la disposition de l'art. 1244 nous semble être d'ordre public, puisqu'elle est dictée par des motifs d'humanité bien ou mal fondés, peu importe; les parties n'y peuvent donc pas déroger par une convention, et il doit d'autant plus en être ainsi que si la clause dérogatoire était admise, elle deviendrait de style dans les contrats, et rendrait illusoire la disposition qui nous occupe.

Le législateur, comme nous l'avons vu plus haut, recommande aux juges de n'user de la faculté d'accorder des délais qu'avec une extrême réserve; ajoutons que le juge ne devrait en accorder aucun si le débiteur ne justifiait pas d'une part que ses biens sont suffisants pour satisfaire à ses engagements, et, d'autre part, si l'exécution rigoureuse de l'obligation dont on poursuit le paiement ne devait lui causer qu'un léger préjudice (cpr. Code civ., art. 2212; Toullier, t. VI, 657; Colmar, 22 frimaire an XIV, Dalloz, *Jurispr. gén.*, v° Jugement, p. 644, note 2).

Le juge ne pourrait même accorder aucun délai si les biens du débiteur étaient vendus à la requête d'autres créanciers, s'il était en état de faillite ou de déconfiture, contumace ou constitué prisonnier, s'il avait diminué par son fait les sûretés données par le contrat à son créancier, ou si la poursuite était faite en vertu d'effets négociables (Code de proc. civ., art. 124; Code de com., art. 157 et 187, et voyez *infrà*, § 4).

Il en serait de même s'il s'agissait du paiement de créances fondées sur un acte public et authentique qui emporte exécution parée. Cela résulte de l'art. 122 du Code de procédure civile qui ordonne aux juges, dans le cas où ils ont le droit d'accorder des délais pour l'exécution de leurs jugements, de le faire par le jugement qui statue sur la contestation, ce qui implique évidemment que, quand l'acte est exécutoire et que le créancier n'a point de condamnation à demander, le juge n'a pas non plus le droit d'accorder un délai au débiteur (Delvincourt, t. II, p. 556; Toullier, t. VI, 660; Duranton XI, 89; Dalloz, *Jurispr. gén.*, v° Obligations).

Pour ce qui concerne la computation des délais, nous remarquerons que, dans le cas où le terme est déterminé d'une manière précise, le jour de l'échéance, *terminus ad quem*, est compris dans le terme; ce n'est que le lendemain que le débiteur peût être contraint au paiement; *ne eoquidem ipso die, in quem stipulatio facta est, petit potest; quià totus is dies arbitrio solventis tribui debet* (§ 2, *Inst. de verb. obl.*).

Lorsque le jour est indéterminé, on demande si le jour *à quo*, le jour du terme, fait partie du terme, ce qui peut devenir très-important dans le cas d'une déchéance ou d'une prescription. Or, il est d'usage depuis longtemps que le jour du terme ne soit pas compris dans le terme, *terminus à quo non computatur in termino*.

Il s'élève une seule difficulté relativement à la manière de compter les mois, à cause de leur inégalité. La réponse naturelle et véritable est qu'il faut les compter de la manière que les parties l'ont entendu, c'est-à-dire par le nombre de jours qu'ils contiennent chacun en particulier. Ce qui a jeté du doute sur cette matière, c'est l'interprétation de divers textes du Droit romain où l'on trouve les délais par mois calculés, tantôt par trente, tantôt par trente et un jours, et en partie de trente, en partie de trente et un jours lorsque le délai est de plusieurs mois; mais le Code de commerce nous paraît très-précis à cet égard. L'art. 132, après avoir observé que les lettres de change sont à un ou plusieurs mois, à une ou plusieurs usances, déclare que les usances sont de trente jours, et les mois tels qu'ils sont fixés par le calendrier grégorien. Cette disposition doit être évidemment applicable aux matières ordinaires aussi bien qu'aux lettres de change, puisqu'il y a identité de raison.

Il y a des délais francs dans lesquels on ne compte ni le jour *à quo*, ni le jour *ad quem*, par exemple, les délais des assignations et des procédures (voy. ordon. de 1667, tit. 3, art. 6; Code de proc. civ., art. 1033).

§ II. *Des effets du terme.*

Le terme diffère essentiellement de la condition. Il est évident que nous ne parlons ici que de la condition suspensive. La différence qui existe entre le terme et la condition résolutoire est trop grande pour qu'on puisse jamais les confondre.

Une obligation à terme est celle qui n'est pas suspendue en vue d'un événement futur et incertain, mais dont l'exécution est seulement retardée jusqu'à l'arrivée d'un événement futur, mais certain.

L'obligation à terme a donc immédiatement toute sa force juridique, de sorte qu'il ne faudrait pas prendre à la lettre cette maxime que l'on répète si souvent: *Qui a terme ne doit rien*, et qui est tirée de la loi 41, § 1, *D. de verb. obl.*, 45, 1; *Dies adjectus efficit ne præsenti die pecunia debeatur.* Cette règle est vraie en ce sens seulement que celui qui jouit d'un terme n'est pas tenu de payer actuellement; mais elle serait fausse, si on l'entendait dans ce sens qu'il n'est pas actuellement débiteur (Code civ., art. 1186; *Exposé des motifs*, par Bigot-Préameneu, Locré, *Législat.*, t. XII, p. 343, n° 72; Toullier, t. VI, 662; Marcadé, sur l'art. 1185).

De ce que le débiteur à terme n'est pas tenu de payer actuellement, il ne s'ensuit pas que le créancier n'ait point d'action avant l'échéance; l'action est toujours corrélative de l'obligation, et à cet égard, la règle est: *Point d'obligation sans action.* Seulement l'exercice de cette action sera suspendu par l'effet du terme. Le créancier peut donc, avant le terme, faire tous actes conservatoires de son droit, pour en assurer la réalisation au jour fixé (arg. *à fortiori* de l'art. 1180 du Code civ., cbn. art 1185; Code de proc., art. 125; loi du 3 septembre 1807);

pourvu d'ailleurs que les moyens qu'il emploie ne portent aucun préjudice au débiteur (Toullier, t. VI, 663).

Il a le droit, par exemple, de former une demande en reconnaissance d'écriture; mais il ne sera pris aucune inscription hypothécaire en vertu du jugement intervenu, qu'après l'échéance du terme (art. 1er de la loi du 3 septembre 1807).

Le créancier pourrait-il, pour préparer l'exécution de son titre, pour s'en procurer l'exécution parée, demander un jugement qui condamne dès à présent le débiteur à payer lors de l'échéance? Nous pensons avec MM. Toullier (t. VI, 664) et Dalloz (chap. IV, sect. 3, n° 6) qu'une telle condamnation devrait être refusée en principe général, mais être prononcée, si la conduite du débiteur envers son créancier était de nature à faire suspecter sa bonne foi et donnait des craintes sérieuses sur l'exécution de l'obligation. La Cour suprême l'a jugée ainsi par un arrêt de rejet du 14 messidor an XIII (Merlin, *Nouv. Répert.*, p. 870, v° Hypothèque). C'est par une conséquence de ses principes que, si le débiteur, par acte sous seing-privé d'une rente annuelle ou d'une rente payable à plusieurs termes successifs, tarde de s'acquitter, le créancier peut, aussitôt que l'un des termes est échu, agir en justice, pour demander que le débiteur soit condamné de payer non-seulement le terme échu, mais les autres à leur échéance, comme on le fait journellement en pratique (Voët, *tit. de judiciis*, n° 27).

Dans l'obligation à terme, le débiteur qui a payé avant l'échéance, ne peut répéter ce qu'il a payé; telle est la disposition de l'art. 1186, al. 2. Cependant cette disposition souffre, à notre avis, une restriction importante qui est non-seulement conforme aux principes de l'équité, mais encore à l'esprit de notre Droit actuel. Nous croyons qu'il faut établir une distinction entre celui qui a payé librement, à bon escient, et celui qui n'a pas payé en connaissance du terme. A Rome, celui qui avait payé dans l'ignorance du terme, n'était plus fondé à répéter, parce que la *condictio indebiti* était de droit étroit. Notre ancien droit avait consacré la même doctrine (Pothier, 230). Mais il ne peut en être ainsi sous la législation actuelle qui ne reconnaît que des contrats *bonæ fidei*, et déclare que toutes les conventions doivent être exécutées de bonne foi (Code civ., art. 1134). Il est donc évident que l'art. 1186 n'entend parler que du débiteur qui a payé en connaissance du terme et qui est présumé y avoir renoncé. Ce qui le prouve d'ailleurs, c'est la discussion qui s'est élevée sur cet article devant le Corps législatif; l'orateur du gouvernement disait : « Si le débiteur a *librement*, « d'avance satisfait à son engagement, il ne serait « pas juste à l'autoriser à en demander la répétition » (Fénét, t. XIII, 244).

Un autre effet du terme est d'empêcher la compensation, puisque deux dettes ne peuvent être compensées que lorsqu'elles sont exigibles (Code civ., art. 1291). Mais il faut que le terme soit de droit (Code civ., art. 1292); car le terme de grâce étant une faveur accordée au débiteur, parce qu'il est supposé ne pas pouvoir payer actuellement, on ne voit pas la raison qui empêcherait dans ce dernier cas l'effet de la compensation qui lui offre un moyen facile de se libérer.

Enfin, si la chose qui fait l'objet de la convention vient à périr avant l'arrivée du terme, elle périt pour le créancier qui en est propriétaire : *res perit domino.*

§ III. *En faveur de qui est le terme?*

Dans le silence de la convention le terme est toujours, et de plein droit, réputé établi dans l'intérêt du débiteur (Code civ., art. 1187).

Il en résulte, comme nous l'avons vu, que le débiteur ne peut être contraint à payer avant l'échéance fixé par le contrat. Mais celui au profit duquel un droit quelconque a été stipulé, pouvant toujours y renoncer, il s'ensuit que le débiteur peut contraindre le créancier à recevoir le paiement avant l'arrivée du terme.

Cette conséquence n'aurait plus lieu, si le terme avait été établi au profit du créancier; c'est alors au créancier à prouver que le terme a été mis dans son intérêt particulier, et cette preuve résulte ou de la stipulation même, ou de la nature de la convention, ou enfin des circonstances.

Elle résulte de la stipulation, lorsqu'il est dit en termes formels que le débiteur ne pourra rembourser avant le terme fixé (Toullier, t. VI, 676).

Elle résulte de la nature de la convention, lorsque la convention a pour objet l'intérêt du créancier, comme dans le dépôt (Code civ., art. 1944) ou dans le prêt à intérêts. Toutefois dans ce dernier cas le débiteur pourrait forcer le créancier à recevoir le paiement avant l'échéance, s'il offrait tout à la fois le capital et les intérêts jusqu'à cette échéance, à moins qu'il ne s'agisse d'un papier-monnaie décrié avec lequel le débiteur voudrait s'acquitter avant le terme.

Elle résulte enfin des circonstances, lorsque, par exemple, un testateur lègue une somme à un mineur pour lui être payée à sa majorité, si, d'ailleurs, il paraît que le testateur ne veut pas que la somme soit payée au tuteur, dans la crainte qu'il ne la dissipe. Dans ce cas le débiteur ne sera pas libéré par le paiement qu'il aurait fait au tuteur devenu insolvable (Pothier, 511; L. 15, *D. de ann. leg.*, 33, 1. L. 43, § 2 *de leg.*, 2°, 31, 2).

Si le terme a été mis dans l'intérêt du créancier et du débiteur à la fois, il ne peut être devancé que de leur commun accord. Or, on présume toujours dans les affaires de commerce que le terme est stipulé en faveur du créancier, aussi bien qu'en faveur du débiteur (Code de comm., art. 146 et 187) ; et cette règle est générale à toutes obligations; il n'y a point de distinction à faire, quoique la loi ne se soit expliquée expressément que dans certains cas : ainsi le veut l'intérêt du commerce (Pardessus, t. I, 177, n° 187, Toullier, t. VI, 679). Si donc le débiteur veut, dans une obligation commerciale, anticiper le paiement, c'est à lui de prouver ou qu'il a été dérogé à la règle par une convention, ou que l'usage l'y autorise; et même cette preuve ne serait pas admise, si quelque article de la loi défendait d'anticiper.

§ IV. *Déchéance du terme.*

Lorsque le débiteur n'a rien fait qui puisse donner de l'inquiétude au créancier, celui-ci n'est pas fondé à réclamer son remboursement avant le terme. Lorsqu'au contraire, le débiteur ne mérite plus de confiance, en diminuant les sûretés données par le contrat, quoiqu'il en offrît de nouvelles, le créancier a trop juste motif de craindre que ces dernières n'aient le sort des anciennes, et il peut poursuivre son remboursement sur-le-champ. Le débiteur reste alors déchu du bénéfice du terme (Code civ., art. 1188; Code de procéd., art. 124).

Tel serait le cas où celui qui aurait consenti une

hypothèque sur une maison, pour sûreté d'une obligation à terme, démolirait la maison.

Tel serait encore le cas où un donataire d'immeubles par avancement d'hoirie, qui les a conventionnellement hypothéqués et qui ensuite accepte la succession du donateur, se soumet au rapport de ces immeubles. Le rapport fait rentrer les biens dans la masse, francs et quittes de toutes charges. Si donc le partage les attribue à un autre héritier, il est vrai de dire que par son acceptation de la succession, le donataire a détruit les sûretés données à son créancier par le contrat (Duranton, t. XI, 124).

Il en serait enfin de même si le débiteur vendait par exemple une partie de l'immeuble hypothéqué, de telle sorte que cette partie de biens a pu être purgée de l'hypothèque (arr. de la Cour de cass. du 9 janvier 1810; Sirey, t. X, 1, 139). La déchéance serait encourue, quand même le créancier eût été colloqué sur le prix de cette aliénation partielle; car cette collocation le force à morceler sa créance pour conserver ses sûretés entières, et à recevoir partiellement la somme qui lui est due, ce qui est contraire à l'équité et à l'art. 1244 du Code civil.

Bien plus, un arrêt de la Cour de cassation, à la date du 4 mai 1812 (*Journ. du Pal.*, t. X, 365), a décidé que l'indivisibilité de l'hypothèque autoriserait le créancier à exiger le remboursement de sa créance, quoique non encore échue, lorsque l'immeuble était aliéné par parties, alors même que l'acquéreur n'eût pas encore purgé l'hypothèque. Nous pensons, malgré l'opinion de M. Toullier (t. VI, 666) et de M. Troplong (t. II, *Hypoth.*, p. 388), que la doctrine de cet arrêt est conforme à la vérité; car du moment que l'immeuble a été vendu divisément, chacun des acquéreurs peut se libérer en purgeant, et obliger le créancier à recevoir son remboursement morcelé, et il est ainsi porté atteinte à la volonté exprimée dans l'obligation dont la nature et les effets sont changés : *qui pignoris plures res accepit, non cogitur unam liberare, nisi accepto universo quantùm debetur* (L. 19, *D. de pign. et hypoth.*, 20, 1).

Remarquons qu'il faut que le débiteur ait diminué les sûretés de l'obligation par son fait personnel, et que cette diminution ne provienne pas de cas fortuit ou de force majeure (Toullier, t. VI, 669). Cependant si, même dans cette dernière hypothèse, le débiteur ne peut être privé d'une manière absolue du bénéfice du terme, il paraît résulter des art. 2020 et 2131 du Code civil, que le créancier a le droit de demander un supplément de sûreté et de conclure au remboursement, dans le cas où le débiteur ne voudrait ou ne pourrait le lui fournir (MM. Aubry et Rau, t. II, § 303, note 9).

L'art. 1188 exige en outre que les sûretés aient été données *par le contrat.* Par conséquent une simple diminution d'hypothèque légale ou judiciaire qui affecte tous les biens du débiteur, ne suffirait pas pour priver ce dernier du bénéfice du terme, s'il restait d'ailleurs des biens suffisants pour la sûreté de la créance (Code civ., art. 2161 ; Toullier, t. VI, 668).

Ajoutons que la loi n'entend parler que des sûretés accordées au créancier ; l'art. 1188 ne s'applique donc pas au cas où, tout en diminuant son patrimoine qui forme le gage commun de ses créanciers (Code civ., art. 2092), le débiteur ne porte pas atteinte aux sûretés spéciales données à l'un d'entre eux (MM. Rau et Aubry, t. II, § 303, note 10; Dalloz, *Jurispr. gén.*, v° Obligations., p. 524, n° 11; Aix, 16 août 1811; Sir., t. XV, 2, 126).

Il y a même raison de décider que le débiteur est privé du bénéfice du terme lorsqu'il n'a pas fourni les sûretés qu'il avait promises au créancier (Duranton, t. XI, 123; Pau, 2 juillet 1807; Sir., t. XIV, 2, 256; Devillen., t. II, p. 273). Les art. 1912, al. 2, et 1977 du Code civil fournissent un argument décisif en faveur de cette solution. Un exemple serait celui d'un débiteur qui, ayant promis pour caution une personne désignée, n'obtiendrait pas de cette personne qu'elle voulût s'obliger pour lui.

Le débiteur est déchu du terme, non-seulement par une diminution de sûretés données ou promises, mais encore lorsqu'il tombe en faillite ou en déconfiture, quand même la faillite ou la déconfiture serait arrivée par un accident qui ne put lui être imputé.

Nous assimilons la déconfiture à la faillite du débiteur, malgré le silence de l'art 1188; car *ubi eadem ratio, ibi idem jus esse debet.* Et, en effet, la déconfiture est la ruine du débiteur non commerçant, tandis que la faillite est l'état du commerçant qui cesse ses paiements (Code de com., art 437). Or, le non-commerçant est nécessairement insolvable dès qu'il se trouve en déconfiture, au lieu que le failli peut encore être solvable, alors même qu'il a discontinué ses paiements. Il est donc évident, et *à fortiori,* que la déconfiture, c'est-à-dire la faillite du non-commerçant, est comprise dans l'application de l'art. 1188. Ce qui ne laissera plus aucun doute à cet égard, est la discussion de cet article au Conseil d'État : « On « peut faillir sans être marchand, disait M. Treil-« hard; à la vérité, la faillite est alors appelée déconfi-« ture; mais peu importe la dénomination, lorsque la chose est la même (Fénét., t. XIII, p. 69; Locré, *Lég.*, t. XII, p. 161, n° 11; Toullier, t. VI, 670; Marcadé, sur l'art. 1188; arg. Code civ., art. 1913 et 2032, al. 2).

Il est une dernière circonstance qui fait perdre au débiteur le bénéfice du terme; elle a lieu lorsque ce dernier n'a obtenu un terme de son créancier que par fraude, comme, par exemple, par l'emploi d'un moyen qui, aux yeux de la loi, constituerait un stellionat. C'est du moins ce qui a été jugé par un arrêt de la Cour de Pau du 3 juillet 1807 (Sir., t. XIV, 2, 256).

Quant aux autres cas de déchéance dont parle l'art. 124 du Code de procédure civile, on ne doit les appliquer qu'à l'hypothèse du terme de grâce et non du terme de droit. En effet, cet article fait suite à ceux par lesquels le législateur autorise les juges à accorder des délais pour l'exécution de leur jugement, et, en second lieu, les diverses circonstances que la loi énumère, ne prouvant pas entièrement l'insolvabilité du débiteur, on peut en conclure que le législateur n'a dû priver celui-ci aussi facilement du bénéfice du terme que dans le cas du terme de grâce. Cependant s'il était évident que l'insolvabilité du débiteur, plutôt qu'une autre cause, ait donné lieu, par exemple, à son emprisonnement, nous pensons qu'il y aurait lieu d'appliquer la disposition de l'art. 1188. Il en serait de même du cas où le débiteur est en contumace, si d'ailleurs son insolvabilité n'est pas douteuse.

Dans le cas de faillite ou de déconfiture, la loi ne distingue pas si la créance a été garantie par un gage, une hypothèque ou une caution, ou si elle n'est accompagnée d'aucune de ces sûretés; elle décide indistinctement que la créance à terme devient exigible; mais si cette exigibilité donne au créancier le droit de se présenter à la distribution du prix des biens de son débiteur, produit-elle tous les effets d'une exigibilité ordinaire? Donne-t-elle, par exemple, au créancier hypothécaire à terme du failli le droit de poursuivre l'expropriation des immeubles de ce dernier? Un arrêt de la Cour de Bruxelles du 5 décembre 1811 (Sir., t. XII, 2, 284) avait résolu la question d'une manière négative; mais ce système a été rejeté avec raison, selon nous, par la jurisprudence postérieure (Bordeaux, 22 août 1827; Rouen, Péclet c. Declerq, 22 févr. 1844, maintenu en cass. le 10 mars 1845; voy. Devill. et Car., 1845, 1, 601).

Quant à la question de savoir si, lorsqu'un débiteur solidaire d'une obligation civile se trouve déchu du terme, ses codébiteurs en doivent être pareillement privés, Pothier (p. 236) et M. Duranton (t. XI, 119) décident, et c'est aussi notre opinion, que le débiteur qui s'est rendu passible de cette déchéance, doit seul la supporter, puisque rien empêche dans une dette solidaire que l'un des débiteurs ait un terme et que l'autre n'en ait pas, ou en ait un différent (Code civ., art. 1201).

Par les mêmes motifs on doit appliquer ces principes au cas de cautionnement d'obligations civiles. La caution jouira du terme malgré la déchéance du débiteur. Toutefois, il faut ici faire une restriction pour le cas où le débiteur serait déchu du terme, parce qu'il a diminué les sûretés données au contrat ou qu'il n'a pas donné les sûretés promises. Nous pensons qu'alors il faudrait décider que la caution est également déchue du bénéfice du terme, si elle n'aime mieux donner elle-même des sûretés. La caution, en effet, répond évidemment des faits du débiteur sous le rapport dont nous parlons, et dès que celui-ci doit payer de suite, à raison de ces mêmes faits, il semble dans la nature du cautionnement que la caution puisse y être pareillement assujétie.

DROIT COMMERCIAL.

Du contrat de change.

Le contrat de change forme l'une des matières les plus difficiles et les plus abstraites du Droit commercial; cependant le Code de commerce n'en parle pas. Il se contente de tracer les éléments du titre qui le constate, c'est-à-dire, de la lettre de change. Notre tâche est de combler cette lacune, et nous aurons à examiner ce que c'est que le contrat de change, quelle est sa nature, et quels effets il produit.

L'origine du contrat de change est encore couverte du voile le plus épais. C'est en vain que certains auteurs [1] se sont ingéniés à fouiller l'antiquité pour trouver des événements qui puissent y avoir donné naissance; tous ceux qu'ils produisent n'ont avec le change que des rapports éloignés, des analogies hypothétiques, et les fables plus ou moins vraisemblables qu'on a inventées, ne présentent d'autre intérêt que celui que peut mériter le zèle de la science et la patience de leur auteur.

Cicéron, il est vrai, voulant envoyer son fils Marc à Athènes, pour étudier sous Cratippe, s'informa près d'Atticus si l'on ne pouvait faire toucher en

[1] Notamment Savary et Raynal.

Grèce de l'argent à l'enfant, au moyen d'un échange. Mais si l'invention du change doit tenir, pour certains esprits, à un indice aussi fragile, il est clair aussi qu'on devra nécessairement faire remonter la découverte de la navigation à la coquille de noix qui surnage.

On rapporte encore que sous les règnes de Dagobert Ier, Philippe-Auguste et Philippe-le-Long, dans les années 640, 1181 et 1316, les Juifs, bannis de la France, cherchèrent à retirer, au moyen de lettres confiées aux voyageurs, les valeurs qu'ils avaient laissées entre les mains de leurs amis, et l'on conclut que ce sont eux qui inventèrent l'usage des lettres de change. Mais une telle allégation est contre toute vraisemblance. Le but de la proscription des Juifs était de s'emparer de leurs biens. Or, en supposant même qu'ils eussent laissé de l'argent ou d'autres valeurs à leurs amis, personne, assurément, n'eût pris de leurs lettres de change et n'en eût payé le montant; d'autant plus qu'alors il ne régnait aucune espèce de confiance, et que des dettes réciproques ne pouvaient guère exister entre deux nations.

En présence de toutes ces confusions, nous pensons, et telle a été l'opinion du tribun Duvergier à l'Assemblée constituante, que le change n'a dû sa naissance qu'à l'inspiration des besoins commerciaux.

Le commerce originairement ne consistait que dans des échanges. Plus tard on inventa pour le paiement des marchandises certains signes qui en représentaient la valeur, les métaux, l'or par exemple, l'argent, le cuivre et le fer. On leur donna des formes déterminées, un poids, un titre et une valeur, garantis par le type dont le législateur les revêtit. Mais le commerce ne reste pas stationnaire; il marche avec les lumières et reçoit le développement que lui imprime le progrès. Les espèces métalliques ne suffirent plus à ses besoins, et le défaut de communications, même dans l'intérieur des États, les rendit tout à fait impraticables. C'est de là que naquirent les *lettres de crédit*, qui furent dans la suite transformées en *lettres de change*.

Le nom de l'inventeur des lettres de change est aussi peu connu que le pays et l'époque où elles se manifestèrent d'abord. Cependant, comme l'Italie est le berceau du commerce, et que c'est là que durent se faire sentir les premiers besoins commerciaux, il paraît rationnel de penser tant par ce motif, que par les statuts des villes italiennes, et par le langage mercantile même, que les lettres de change prirent naissance sur cette terre classique.

Il semble aussi résulter des savantes recherches de M. de Martens, sur l'histoire des lettres de change, que leur usage remonte au temps des croisades, vers l'année 1096. Ce qu'il y a de certain, c'est qu'en

Italie elles étaient en pleine vigueur au commencement du quatorzième siècle [1].

En France, sous Louis XI, l'ordonnance de 1462 relative aux foires de Lyon, rétablit à leur égard une sorte de jurisprudence. Mais les principes qui les régissaient, par suite de leur peu de régularité et de la mauvaise administration de la justice, étaient livrés à l'arbitraire et n'offraient que peu de garanties.

L'édit de 1673 les a rassemblés, coordonnés et conciliés avec les progrès de l'époque.

Enfin le Code de 1807 a recueilli cet héritage et nous a donné un système satisfaisant; néanmoins, depuis ce temps le commerce a pris de nouveaux développements, et encore aujourd'hui il existe dans cette matière des lacunes qu'il serait important de combler.

[1] Un document qui remonte à cette époque est la formule d'une lettre de change qui nous a été conservée par Baldus de Ubaldis, jurisconsulte, dans le premier livre de son ouvrage intitulé *Consilia*, f° 348, Venise, 1609. En voici le texte : *Pagati per questa prima litera a di IX ottobre à Luca de Goro lib. XLV, sono per la valuta qui da Masio Reno; al tempo li pagati et poneti à mio conto e R. Che Christo ve guarde. Bonromeo de Bonromei salute. De Milano à di IX de marzo M. C. C. CXXV. (A tergo) : Alesandro de Bonromei et Domenico de Andrea in Veneri. Prima de lib. XLV.* Ce qui veut dire : Payez par cette première de change, le 9 octobre, à Luc de Goro 45 livres ; elles sont pour la valeur que j'ai reçue de Masio Reno. Payez-les en temps dû, et passez-les à mon compte et R. (raison de commerce). Que le Christ vous garde. Bonromeo de Bonromei vous salue. De Milan, le 9 mars 1325. (*Au dos*) : A Alexandre de Bonromei et Dominique de André à Venise. Première de 45 livres.

Pour comprendre ce que c'est que le contrat de change, il faut avant tout examiner ce que c'est que le change.

Change signifie troque, échange. On dit : j'ai perdu au change. Plus spécialement, l'échange est le genre et le change l'espèce. L'échange d'une chose contre une chose, c'est l'échange; d'une chose contre de l'argent, c'est la vente; de l'argent contre de l'argent, c'est le change. Mais il paraît nécessaire qu'on ait intérêt au change, ce qui arrive, par exemple, lorsqu'on échange de l'argent contre de l'or, ou des monnaies de pays étrangers contre la nôtre; les changeurs perçoivent alors une prime.

Enfin le change, dont nous avons à nous occuper, consiste dans l'échange contre une somme d'argent ou valeur équivalente, d'une somme d'argent qui doit être payée à distance, c'est-à-dire, d'une place sur une autre, ordinairement moyennant une prime : *Cambium locale, trajectitium, mercantile.*

D'après cela, le contrat de change est donc un contrat, par lequel l'un des contractants s'oblige à faire payer une certaine somme dans un lieu déterminé, pour une valeur qui lui est donnée dans un autre lieu. C'est du moins la définition de M. Pardessus (t. II, n° 318) ; mais comme cette définition n'indique pas tous les caractères du contrat, nous dirons :

Le contrat de change est un contrat commercial, parfait par le consentement des parties, parfaitement synallagmatique, à titre onéreux et commutatif, par lequel une des parties s'oblige à faire payer une somme d'argent dans un lieu déterminé à l'autre partie, où à sa disposition, en échange d'une somme d'argent ou valeur équivalente que celle-ci fournit dans un autre lieu.

Le contrat de change donne lieu à la lettre de change, qui sera l'écrit au moyen duquel la partie qui l'a reçu se fera payer, ou qu'elle mettra à la disposition d'une autre personne[1].

Son principal caractère est que la somme soit payable dans un lieu différent de celui-ci où la valeur a été payée.

Il est encore essentiel que la seule matière susceptible d'en former l'objet soit une somme d'argent, et non point, par exemple, des marchandises ca-

[1] Ainsi Charles Lambert, à Strasbourg, doit 2000 fr. à Lenoir et Comp. à Nantes, et désire s'acquitter de sa dette, au moyen d'une lettre de change sur Paris, cette manière de se libérer lui paraissant plus convenable à ses intérêts que la remise en espèces, qui ordinairement est plus dispendieuse et toujours sujette à des risques. Il s'adresse en conséquence à Julien frères, auxquels il est dû par Grenier fils, à Paris, et d'après la convention faite entre Lambert et Julien frères, le premier paie à ces derniers la valeur de 2000 fr. au change convenu entre eux, et reçoit par contre une lettre de change de cette somme sur Grenier fils, à Paris. Par ce moyen Lambert s'acquitte de sa dette, en transférant la lettre à l'ordre de Lenoir et Comp., et par suite de cette opération Julien frères recouvrent en même temps leur créance sur Grenier fils.

pables de se dététiorer. La lettre de change est une monnaie; il faut donc qu'elle soit invariable comme la monnaie et aussi inaltérable.

Le contrat de change est nécessairement commercial, et il entraîne contrainte par corps.

Il est facile de voir qu'il contient deux autres contrats, le mandat et le cautionnement; le mandat, car puisqu'il est de l'essence du change que la somme cédée soit payable dans un autre lieu que celui où le prix a été compté, l'emploi d'un tiers pour la délivrer devient indispensable; mais le mandat reste un contrat civil; le cautionnement, car celui qui cède une somme par ce moyen reste caution solidaire du paiement de cette somme, même après l'acceptation de celui sur qui la lettre a été tirée.

Il existe en sens inverse le contrat qu'on nomme *rechange*, et qui a pour but, dans le cas où il ne serait pas payé à l'échéance, de donner au porteur de la lettre la faculté de tirer sur le dernier de ses endosseurs, qui tous sont solidaires, une lettre nouvelle qu'il cédera à un tiers, et au moyen de laquelle il rentrera dans ses fonds.

Quant à la forme du contrat, il n'en existe pas de spéciale; c'est un contrat consensuel qui peut être prouvé, en tant que commercial, par tous les moyens, et il ne faut pas croire que la lettre de change soit un écrit nécessaire à sa perfection. Elle est si peu indispensable, qu'il arrive très-souvent qu'entre le contrat et la lettre il se passe un temps plus ou moins long qui n'altère en rien la validité du contrat, mais pendant lequel on a coutume de passer un écrit qui sert de lien pour les contractants, et qui, au besoin, constatera la convention : c'est le *billet de change*. Le billet de change est une preuve du contrat ; la lettre de change est une preuve et un moyen de le transmettre.

Voyons maintenant si le contrat de change peut être assimilé à d'autres contrats, ou confondu avec eux, comme on a prétendu le prouver.

Les principaux contrats qui ont de l'analogie avec le contrat de change sont : la cession, le prêt et l'échange ; mais *multa sæpè fallunt quæ similia sunt*.

D'abord, le contrat de change a pour but d'éviter les transports d'argent, ce qui n'arrive pas dans les autres contrats.

Prenons ensuite la cession en particulier. Céder une créance, est-ce la même chose que céder ou vendre une lettre de change? Non, évidemment. Pour céder une créance, il faut la posséder, en être propriétaire; mais dans le contrat de change, je puis valablement m'engager à faire payer par un individu qui ne me doit rien (C. de com., art. 116, 117, 170). Seulement, pour qu'il soit en mesure de payer à l'échéance, je lui ferai parvenir la somme nécessaire quelque temps auparavant ou même le matin du jour que la lettre doit être présentée.

Il y a plus; lorsqu'on a fait une cession, il est indispensable que la somme cédée soit entre les mains du débiteur au moment de la cession (Code civ., art. 1693). Au contraire, je puis parfaitement passer un contrat de change qui ne devra être exécuté que dans un temps encore éloigné jusqu'auquel j'utiliserai la somme qui doit vous être payée.

Enfin, la cession étant une véritable vente, transfère la propriété de la créance par le seul consentement des parties; ce qui n'arrive presque jamais dans le contrat de change, puisqu'on peut, comme nous venons de le dire, disposer de la somme à payer jusqu'au moment du paiement, moment qui peut être éloigné.

La cession ne peut donc pas être confondue avec le contrat de change, et ce que nous venons de dire pour la cession, nous le répétons pour l'échange en ce qui concerne la translation de propriété, car les mêmes principes sont applicables.

Quant au prêt, il est encore moins possible de l'assimiler au contrat de change, puisque ce dernier est un contrat commutatif (Pardessus, t. II, n° 319).

Il résulte de ce qui précède que le contrat de change est un contrat d'une nature spéciale, *sui generis*, gouverné par des principes qui lui sont propres, et son importance lui vaut bien cette faveur.

Cependant si l'on tient à l'assimiler à quelque contrat connu, nous le rangerons dans la catégorie de ces contrats de l'ancien Droit, qu'on appelait *innommés*, et qui consistaient dans la formule : *do ut facias*, *facio ut des*; *ut facias* sera l'obligation du tireur, *ut des*, celle du preneur, de celui qui paie la valeur de la lettre.

Il nous reste à examiner les conséquences de la convention de change, c'est-à-dire les obligations principales qui en résultent.

Celui qui a contracté l'engagement de faire payer une somme dans un lieu déterminé, doit fournir une ou plusieurs lettres de change payables à l'époque, dans le lieu, par la personne et pour la somme indiqués par le contrat. Il n'importe qu'il les tire lui-même ou qu'il cède des lettres déjà tirées ; mais il ne peut contraindre le preneur à recevoir une autre lettre que celle qu'il lui a expressément promise, ni changé le lieu indiqué pour le paiement ou la personne désignée pour payer; à moins cependant que ces modifications ne dussent pas nuire à l'autre partie, auquel cas les tribunaux pourront les autoriser. Il n'importe aussi qu'il tire plusieurs lettres sur plusieurs personnes différentes, pourvu qu'il n'y ait pas convention contraire, et que le montant réuni des lettres égale la somme dont remise doit être faite.

De son côté, le preneur de la lettre est tenu de payer la valeur convenue, de la manière et au temps déterminés, ou, si la convention se tait à cet égard, d'après le cours ou la coutume.

Le contrat de change une fois conclu est irrévocable, et ne peut être résolu que du commun accord des parties contractantes; car la bonne foi ne permet pas que celui qui trouverait à traiter à des conditions plus avantageuses avec une autre personne, puisse se rétracter par sa seule volonté. Cependant si, avant la remise de la lettre, il était survenu dans la position du preneur des changements tels qu'on pût prévoir son insolvabilité au moment où il en devra payer le prix, le tireur serait autorisé à ne pas la lui livrer. De même, si la position du tireur laissait supposer qu'au moment de l'échéance il lui sera impossible de fournir le paiement de la lettre, le preneur serait reçu à demander caution, et jusque-là à refuser de payer ce à quoi il s'est engagé.

DROIT DES GENS.

Du Droit d'ambassade[1].

Tous les États modernes dont l'ordre social se compose, ont entre eux des liaisons nécessaires, des relations réciproques qui font qu'on peut les regarder comme des membres d'une même république. Les rapports du commerce, la jalousie de puissance, les progrès de la civilisation, la culture des sciences et par-dessus tout cette douceur générale de mœurs et de caractère qu'on peut attribuer à l'influence combinée de la paix, de l'industrie et de la religion, resserrent encore tous les jours les liens qui les unissent. D'où il suit que les commotions qui se produisent dans les moindres puissances retentissent aussitôt jusqu'au sein des plus grandes; tout mouvement a sa réaction, et il n'est point de changement un peu considérable qui ne soit capable de troubler le repos universel. Il est donc utile que les souverains puissent découvrir ce qui se passe dans les nations opposées et en soient informés avec diligence et exactitude;

[1] Voy. entre autres écrits sur le Droit d'ambassade, Vattel, *Précis du Droit des gens*, t. II, l. IV, ch. 5 et suiv.; De Wicquefort, *Mémoire touchant les ambassades*, 1677; Hugo Grotius, l. II, ch. 18; Klüber, *Précis du Droit des gens moderne;* De Martens, l. VII; Merlin, v° *Ministres publics;* Gentilis, *de legationibus;* Chokier, *de legato.*

cette connaissance est l'une des plus importantes pour bien gouverner un État, car le repos de l'intérieur dépend des bonnes mesures que l'on prend au dehors. Or, c'est ici que va se révéler tout d'abord l'avantage des négociations ou des ambassades. Un habile négociateur servira à dévoiler les projets et les intrigues qui se trament dans le pays où il négocie et qui pourraient nuire aux intérêts du sien. Par son entremise, le souverain pourra les dissiper en les étouffant dès leur naissance ou en prévenir les suites funestes. Et non-seulement il lui sera facile de traverser les desseins contraires à ses intérêts, mais il se servira de ces desseins mêmes pour en acheminer d'autres qui lui seront avantageux.

D'un autre côté, bien que la justice soit la base de toute société et la règle de toutes les politiques, bien qu'il soit important pour la plus grande tranquillité commune de la respecter et de lui obéir, il arrive souvent que des nations ambitieuses en méconnaissent les suprêmes décrets et cherchent à agrandir leur puissance par la ruine des États inférieurs. Or, en droit des gens il n'y a point de lois pénales positives qui puissent réprimer ces excès; la conscience des souverains est le seul juge qu'ils reconnaissent; il faudra donc, pour résister, recourir à la force et confier son sort à la chance des batailles. Mais comme il n'est État si puissant par lui-même qui n'ait besoin de secours étrangers, on cherchera des alliances, on formera des traités et c'est encore les négociations qui serviront à cet objet. Bien plus, si la guerre éclate, le négociateur sera le pacificateur qui conciliera les partis ennemis et rétablira leurs relations d'amitié. Souvent même, par des moyens adroits, il saura empêcher la lutte qui est sur le point de s'engager.

Ces considérations suffisent pour prouver l'immense utilité des ambassades; mais voyons en quels termes le cardinal de Richelieu lui-même s'exprimait à cet égard:

« Les États reçoivent tant d'avantages des négocia-
« tions, lorsqu'elles sont conduites avec prudence,
« qu'il n'est pas possible de le croire, si on ne le sait
« par expérience. J'avoue que je n'ai connu cette vé-
« rité que cinq ou six ans après que j'ai été employé
« dans le maniement des affaires; mais j'en ai main-
« tenant tant de certitude que j'ose dire hardiment
« que négocier sans cesse, ouvertement et secrète-
« ment en tous lieux, encore même qu'on n'en re-
« çoive pas un fruit présent et que celui qu'on en
« peut attendre à l'avenir ne soit pas apparent, est
« chose tout à fait nécessaire pour le bien des États.
« Je puis dire avec vérité avoir vu de mon temps,
« changer la face des affaires de la France et de la
« chrétienté, pour avoir, sous l'autorité du roi, fait
« pratiquer ce principe jusqu'alors absolument né-
« gligé dans ce royaume. »

Le témoignage de ce grand génie doit être d'autant plus considéré que les grandes choses qu'il a faites, par le moyen des ambassades, sont des preuves convainquantes de la vérité de ce qu'il avance.

Si les ambassades sont utiles aux intérêts bien entendus des nations, elles ne leur sont pas moins nécessaires. Les nations ne peuvent point communiquer ensemble immédiatement, ni leurs conducteurs s'aboucher eux-mêmes pour traiter de leurs affaires. Souvent ces entrevues seraient impraticables, et, sans compter les longueurs, les embarras, la dépense et tant d'autres inconvénients qui pourraient en résulter, rarement, suivant la remarque de Philippe de Commines, pourrait-on s'en promettre un bon résultat. Il ne leur reste donc que de communiquer et de traiter par l'entremise de procureurs ou de mandataires, chargés de leurs ordres et munis de leurs pouvoirs.

C'est à cause de cette utilité et de cette absolue nécessité des ambassades, qu'on leur a accordé un caractère d'inviolabilité qu'on a de tout temps respecté et fait respecter lorsqu'on voulait y porter atteinte. Cicéron disait à cet égard: *Legatorum jus divino humanoque vallatum præsidio, cujus tàm sanctum et venerabile nomen esse debet, ut non modo inter sociorum jura sed et hostium tela incolume versetur.*

Il ne faudrait cependant pas conclure de là qu'autrefois les ambassades étaient aussi étendues que de nos jours. Avant le seizième siècle les puissances européennes n'envoyaient que temporairement des délégués munis de pleins pouvoirs. Les ambassades n'avaient qu'un objet passager, accidentel; ce n'est que vers la fin du seizième siècle qu'elles devinrent permanentes et cela pour plusieurs raisons, au nombre desquelles il faut placer en première ligne les grands rapports de commerce ouverts par la découverte de l'Amérique et la nouvelle route aux Indes-Orientales, les relations littéraires étendues au moyen de l'imprimerie, le soin des intérêts réciproques des puissances devenu plus facile depuis qu'un nouvel ordre de choses eut mis un terme aux troubles intérieurs; enfin le rapprochement que nécessita le danger commun dont on était menacé par la force prépondérante de princes ambitieux.

Voyons maintenant ce qu'on entend par droit d'ambassade ou de légation [1].

On comprend ordinairement sous cette dénomination, l'ensemble des droits appartenant à une nation, relativement aux négociations conduites par l'intermédiaire de ces agents politiques auxquels on

1 On n'est pas d'accord sur l'étymologie du mot *ambassade*. Quelques-uns le font dériver de l'espagnol *embaxador*, d'*embiar*, envoyer; d'autres disent qu'il vient du latin *ambasciator*; d'autres enfin, et ce n'est pas l'origine la moins piquante et la moins vraisemblable, prétendent qu'il est tiré de l'italien *ambascia*, chagrin, peine, affliction, comme si l'on avait voulu marquer les traverses qu'un ambassadeur essuie dans ses négociations.

donne les qualités diverses, d'ambassadeurs, d'envoyés, de ministres, de résidents et de chargés d'affaires, ou, pour nous servir du terme général, de *ministres publics*.

Mais quelles sont les nations qui ont le droit d'ambassade ou le droit de traiter par l'organe de ministres publics?

Cette question peut se résoudre ainsi: 1° Le droit dont il s'agit appartient à tous les souverains, 2° et il ne peut appartenir à d'autres qu'aux souverains; c'est ce que nous allons examiner.

I. Ce droit appartient à tous les souverains, *qui summi imperii sunt compotes inter se* (Grotius, L. 2, ch. 18).

Tous les souverains, en effet, ont incontestablement le droit de traiter et de communiquer les uns avec les autres; et comme nous l'avons vu, les ministres publics ou les ambassadeurs sont les instruments nécessaires de leurs affaires et de la correspondance qu'ils sont en droit d'entretenir; mais ce droit peut être modifié ou restreint par les constitutions du pays.

Le principe est général; la dignité des nations indépendantes est essentiellement la même; un prince faible mais souverain est aussi indépendant que le plus grand monarque, « comme un nain, dit Vattel (L. 4, ch. 6, § 78), n'est pas moins un homme « qu'un géant, quoique le géant politique fasse une

« plus grande figure dans la société générale, et s'at-« tire par là plus de respect et des honneurs plus re-« cherchés. »

Par conséquent le droit d'ambassade appartient aux États inférieurs, aussi bien qu'aux États plus puissants.

Cependant les grands monarques refusent à certains petits États le droit d'envoyer des ambassadeurs; c'est ainsi que la France n'admet point ceux de quelques princes d'Allemagne.

Cette prétention est-elle exorbitante? porte-t-elle atteinte à la souveraineté des États dont nous parlons? Nous ne le pensons pas, malgré l'opinion de Vattel *(ibid.)* et des auteurs du dictionnaire de Brillon (nº 14). Certes, cette exclusion sera un affront, une insulte, si l'on veut, mais elle ne touchera pas davantage à l'indépendance de l'État, que si dans la société, un particulier refusait à un autre des égards qu'il se plaît à rendre à d'autres personnes, ne le gênant en aucun rapport; dans l'usage de ses droits et de ses facultés, on ne saurait dire que, par sa conduite déshonnête, il s'arroge sur lui la moindre autorité.

Il y a pour les gouvernements une raison puissante d'être difficile dans l'admission des ambassadeurs. Tous les cabinets sont d'accord qu'il existe dans la politique des secrets qu'on ne saurait assez soustraire à la connaissance du public. Il était donc urgent de ne placer au sommet de la hiérarchie diplomatique qu'un conseil choisi, mais peu nombreux de représentants des gouvernements les plus influents. Cependant comme on ne peut décemment éconduire les ministres des gouvernements subalternes, qu'a-t-on fait? On a pris un moyen détourné; on s'est arrêté à la création d'offices très-coûteux et entourés d'un si grand éclat et d'un tel retour d'honneurs et de distinctions, qu'il fut impossible à une puissance d'un ordre inférieur de s'y associer, par le motif des grandes dépenses que ces emplois entraînaient. C'est de cette manière que certains petits États, qui en principe ont le droit d'envoyer des ambassadeurs, de fait n'en entretiennent aucun, parce qu'ils n'en ont pas les moyens.

Le droit d'envoyer des ministres comprend celui de les recevoir, de sorte que le droit actif et passif de légation dépendent inséparablement l'un de l'autre.

Nous parlons du droit en principe; car si quelquefois les États non souverains ont le droit d'envoyer des ministres, par suite d'une concession de celui auquel ils sont soumis, il ne s'ensuit pas qu'ils aient la faculté d'en recevoir, et lors même que l'un et l'autre leur est permis, ce n'est souvent qu'avec certaines restrictions.

Mais un État fondé à recevoir des ministres, a-t-il pour cela l'obligation parfaite de toujours les recevoir? Non; à moins qu'il ne s'y soit engagé par des traités. Si donc il a de justes raisons pour refuser à un ministre étranger l'entrée du pays, il peut lui marquer sur la frontière un lieu où il enverra entendre ses propositions. C'est ainsi encore qu'il pourra lui refuser le passage sur ses domaines, ou ne le lui accorder que sous certaines conditions; mais il faut de graves raisons pour en venir à cette extrémité, surtout à l'égard d'une nation avec laquelle on est en paix.

A plus forte raison n'est-on pas obligé, si quelque motif s'y oppose, de souffrir en tous temps des ministres perpétuels qui veulent résider auprès d'un souverain, bien qu'ils n'aient rien à négocier. Si donc on craint qu'un ministre ne corrompe les citoyens, ne fomente des troubles ou ne forme des partis nuisibles au bien du pays, on peut l'inviter à se retirer dès qu'il a terminé les affaires qui l'avaient amené, ou lorsqu'il n'en a aucune à traiter. Vattel (§ 66) ajoute même qu'un souverain sage et prévoyant devrait être autorisé à congédier un ministre, par cela seul qu'il craindrait de voir introduire le goût du luxe dans un pays anciennement simple, frugal et vertueux; mais une pareille appréhension est tout à fait puérile, car elle devrait l'amener aussi à interdire l'entrée de ses États à tout étranger riche qui voudrait y vivre avec la magnificence à laquelle il serait habitué.

Du reste, il est évident qu'on peut envoyer et

recevoir des ministres en temps de guerre comme en temps de paix. « La raison, dit Vattel (§ 67), est « que plus la guerre est un fléau terrible, plus les « nations sont obligées de se réserver les moyens d'y « mettre fin. Il est donc nécessaire qu'elles puissent « s'envoyer des ministres au milieu même des hosti- « lités, pour faire des ouvertures de paix ou quel- « ques propositions tendantes à adoucir la fureur des « armes. » Le ministre, il est vrai, devra demander un sauf-conduit ou un passe-port sans lequel il ne pourra se présenter. On pourra même quelquefois le lui refuser, pour des raisons particulières fondées sur le soin que chaque nation doit à sa propre sûreté. Mais la guerre seule et par elle-même n'est pas un motif suffisant pour refuser d'entendre une proposition venant d'un ennemi.

II. En second lieu, nous disons que nul autre que les souverains n'a le droit d'envoyer ou de recevoir des ministres publics : *Qui extra hos*, dit Grotius, *legati sunt provinciales, municipales atque alii, non jure gentium, quod inter gentes est, sed jure civili reguntur.* Les corps publics entièrement sujets, et les particuliers, quelque éminent que soit leur rang, ne peuvent être représentés, selon le droit des gens, à l'étranger, que par leur souverain.

Un État conquis ne jouit donc pas du droit d'accréditer des ambassadeurs; et, en effet, ceux qui envoient un ambassadeur, étant obligés de le protéger, aussi bien que ceux auprès desquels il est employé, « il est évident, dit Wicquefort (liv. 1, sect. 2), que « le ministre ne peut espérer cette protection que de « celui qui a le droit de glaive. »

Mais peut-on refuser à un État vassal ou tributaire d'un autre le droit d'envoyer ou de recevoir des ministres publics? Non; car il est admis de considérer un tel État comme souverain.

Il faut en dire autant de ces États qui contractent avec un autre une alliance qu'on nomme *inégale*, parce qu'elle donne, suivant l'expression d'Aristote, à celui-ci plus d'honneur, à celui-là plus de secours. Une pareille alliance n'est nullement incompatible avec la souveraineté.

Il est encore incontestable que les républiques peuvent envoyer et recevoir des ambassadeurs; car elles sont souveraines et indépendantes. Mais chacun des États qui composent le corps de la république et sont unis par des liens perpétuels, a-t-il à lui seul le droit d'accréditer des ministres? Il faut distinguer en s'attachant au caractère particulier de chaque confédération et à la nature de l'acte qui la constitue.

Si les États confédérés ne sont unis les uns aux autres que par des liens politiques de défense commune, il est naturel d'accorder à chacun d'eux une égale indépendance, alors même qu'ils auraient un centre commun de délibérations, et par suite le droit d'envoyer et de recevoir des ambassadeurs.

Mais si le centre commun des délibérations est en même temps un centre d'autorité; s'il existe une assemblée, un congrès, un conseil, entre les mains duquel chacun des États confédérés a déposé la part de puissance qui lui revenait; si ce corps est chargé d'agir au dehors pour le bien commun et a, par suite d'un accord général, le droit de représenter les États mandataires, alors il ne faut pas douter que dans une pareille république, le conseil seul où viennent converger toutes les autorités, puisse envoyer et recevoir des ambassadeurs. A lui les embarras du gouvernement, à lui aussi les prérogatives de la souveraineté. C'est ce qui arrive dans les États-Unis de l'Amérique qui ont un congrès commun auquel aboutissent tous les intérêts politiques. Le président de ce congrès exerce le pouvoir exécutif; il nomme les agents extérieurs, il négocie et conclut les traités.

Le monarque qui abdique volontairement la couronne, ne peut exercer le droit d'ambassade; c'est évident, puisqu'il ne possède plus ni de fait, ni de droit, la souveraineté qui en est le principe. Cependant, en l'année 1568, on reconnut à Londres les évêques de Rosse et d'Orknay pour ambassadeurs de la reine d'Écosse, Marie-Stuart, qui avait abdiqué; mais on savait que son abdication n'avait pas été volontaire, et même que la princesse avait formellement protesté contre la violence qui l'y avait forcée.

Si quelquefois les États non souverains ont le droit d'envoyer ou de recevoir des ministres publics, c'est en vertu d'une concession de l'État dont ils dépendent, ou par suite de réserves qu'ils ont faites avec les souverains. Ce droit peut se trouver chez des princes ou des communautés; c'est ainsi que souvent les vices-rois ou les gouverneurs en chef d'une souveraineté ou d'une province éloignée reçoivent délégation pour accréditer des ambassadeurs.

Mais il faut bien remarquer qu'ils agissent en cela seulement au nom et par l'autorité du souverain qu'ils représentent et dont ils exercent les droits, et non pas en leur nom personnel.

Gustave-Adolphe, ayant été tué à la bataille de Lutzen, le 16 novembre 1632, le sénat de Stockholm chargea du gouvernement de toutes les affaires de l'État le chancelier Oxenstiern. Celui-ci nomma, en conséquence de ce pouvoir, Hugues Groot à l'ambassade de France, et lui fit expédier des lettres de créance en son nom. Le cardinal de Richelieu, qui régnait alors sous le nom de Louis XIII, fit beaucoup de difficultés pour l'admettre. Il prétendit que le pouvoir général du chancelier ne s'étendait pas jusqu'à donner à un autre le caractère représentatif, et que le sénat de Suède, en l'absence du souverain, pouvait seul conférer ce caractère à Groot. Ces motifs triomphèrent d'abord et avec raison; mais le chancelier, en passant par la France, représenta au cardinal que le roi ne pouvait pas rejeter son ambassadeur, sans porter atteinte aux traités qu'il avait faits avec le roi lui-même, et pour lesquels on n'avait pas contesté la suffisance de ses pouvoirs. Le ministre fléchit devant cette considération; Groot fut agréé; mais « on le traita, dit Wicquefort (L. 1, « sect. 3) comme ambassadeur de Suède et non du « chancelier, qui lui avait donné sa commission en « vertu de la procuration qu'il tenait du sénat. »

Ainsi, encore dans le cas où le régent d'un royaume accréditerait un ambassadeur, ce ministre serait considéré comme envoyé par le souverain lui-même et non par le régent.

En 1716 le cardinal Dubois ne négociait la triple alliance à la Haye qu'en vertu de lettres de créances, délivrées au nom du roi mineur, quoiqu'il eût été accrédité par le duc d'Orléans.

Les vices-rois de Naples, les gouverneurs de Milan, les gouverneurs-généraux des Pays-Bas pour l'Espagne, étaient par délégation revêtus du pouvoir d'envoyer des ministres publics.

En 1562 don Pedro d'Aragon, vice-roi de Naples, fit complimenter Clément IX sur son exaltation par un ministre, que le nouveau pape accueillit, dit-on, fort bien.

En 1577 don Juan d'Autriche, gouverneur des Pays-Bas, envoya des ambassades solennelles à l'empereur et au roi d'Angleterre.

En 1588 il se tint en Flandre un congrès de ministres espagnols et anglais ; et quoique les lettres de créance des premiers ne fussent signées que du duc de Parme, gouverneur des Pays-Bas, cela n'arrêta en rien les conférences.

« Pour le gouverneur de Milan, dit Wicquefort « (*ibid.*), il était tellement respecté, que dès qu'il ar- « rivait dans son gouvernement, tous les princes voi- « sins le faisaient complimenter par leurs ambassa- « deurs, et il répondait à leurs civilités en leur en- « voyant les siens. »

Un prince qui demeure dans un État étranger, et qui, par conséquent, se trouve dépendant de cet État, a-t-il le droit d'accréditer des ambassadeurs, en tant que souverain d'un autre État? Évidemment : *qui ex parte subditi sunt*, dit Grotius (L. 2, ch. 18), *ex parte non sunt, pro ea parte quâ non sunt subditi, jus habent legationis*. L'histoire nous en donne pour exemple un traité conclu le 19 mars 1767 entre un ministre de Louis XV et celui de l'évêque de Strasbourg, sujet du roi, relativement à l'abolition du droit d'aubaine entre la France et les bailliages de l'évêché, qui se trouvaient dans l'empire d'Allemagne.

Il en serait de même d'un souverain qui, quoique sujet d'un pays à l'égard de certains domaines qu'il y posséderait, resterait entièrement indépendant et souverain, relativement aux objets faisant partie de sa propre souveraineté. C'est ainsi que le prince de Baden possédait autrefois des biens en Alsace, sous l'autorité du roi de France, et ne laissait pas d'envoyer des ambassadeurs à toutes les cours.

Hors ces cas particuliers et les cas de délégation, de réserves ou de concessions dont nous avons parlé, les sujets ne peuvent pas accréditer des ministres publics, et Wicquefort (L. 1, sect. 3) ajoute qu'ils n'ont même pas le droit d'envoyer des ambassadeurs à leurs souverains. La raison de cette défense se révèle d'elle-même.

Cependant, et par une nécessité terrible, on a quelquefois été obligé d'admettre une exception dans le cas de guerre civile ou de rébellion. On conçoit alors qu'il faille épargner le sang du citoyen, et éteindre par tous les moyens le feu d'une guerre meurtrière. Si l'on veut ramener l'ordre et la paix, il faut négocier, écrire, s'aboucher, traiter en un mot. Or, tout cela n'est pas possible, si l'on refuse d'admettre les chefs des révoltés ou leurs représentants. L'orgueil répugne; la sagesse et l'humanité plient. Il s'agit du salut public; c'est la suprême loi.

C'est ainsi que le traité fait le 17 mai 1704, avec les Camisards, porte pour signatures: le maréchal de Villars, Lamoignon de Baville, Jean Cavalier, Dan, Billard; ces trois derniers étaient chefs ou représensentants des réformés.

Il nous reste à examiner une question très-importante et souvent agitée, celle de savoir si un usurpateur a le droit d'envoyer et de recevoir des ministres publics.

Cette question, selon nous, se résout ainsi : Une nation ne peut accréditer des ambassadeurs que dans le cas où elle a été reconnue souveraine. Or, les nations opposées ne sont pas obligées d'examiner et d'approfondir la conduite d'un peuple pour le reconnaître souverain ; elles peuvent, si elles le jugent à propos, supposer le droit uni à la possession de celui qui domine et commande, et du moment qu'elles ont donné leur adhésion, qu'elles ont applaudi soit expressément, soit tacitement à l'usurpation, selon que le bien de leurs affaires les y convie, le nouvel état de choses peut être considéré comme légitime, la souveraineté de la nation reconnue et l'usurpateur peut envoyer des ambassadeurs. En droit des gens, il n'y a pas de règle invariable qui ne fléchisse devant l'intérêt bien entendu de soi-même. Le point principal à examiner pour une nation, c'est le bien de ses affaires, c'est le profit de l'État, c'est la gloire du pays; dès que ses intérêts dépendent de telle situation, elle est en droit de l'appuyer pour son plus grand avantage, et nul ne peut s'en plaindre. Si même le prince légitime dépossédé venait à remonter sur le trône, il ne pourrait regarder comme une injure les démarches des nations étrangères vis-à-vis de l'usurpateur, ni en faire un juste sujet de guerre, à moins cependant que ces puissances ne soient allées jusqu'à donner du secours contre lui.

Nous trouvons dans une dépêche de Villeroy, du 8 avril 1608, un exemple qui atteste la vérité de ces principes : Charles IX, duc de Sudermanie, s'étant fait couronner roi de Suède en 1595, au préjudice de Sigismond III, roi de Pologne, son neveu, envoya en France Jacques Vandyck, pour offrir à Henri IV le renouvellement des traités d'alliance qui avaient été autrefois faits entre les deux couronnes. On mit en question si l'on devait recevoir ce ministre. Villeroy répondit que toutes les raisons et les considérations que quelques-uns faisaient valoir pour la négative, *ne pouvaient pas empêcher le roi de traiter avec Charles, s'il y trouvait son intérêt et celui du royaume.* « Ce discours était sensé, dit Vattel (§ 68). « Le roi de France n'était ni le juge, ni le tuteur de « la nation suédoise, pour refuser, contre le bien de « son royaume, de reconnaître le roi qu'elle s'était « choisi, sous prétexte qu'un compétiteur traitait « Charles d'usurpateur. Fût-ce même avec raison, les « étrangers ne sont pas admis à en juger » (voy., en sens contraire, de Martens, *du Droit d'ambassade*).

Vattel cite encore pour exemple l'ambassadeur Loccard, envoyé au cardinal Mazarin par Cromwel, au nom de la république d'Angleterre. Mazarin reçut cet ambassadeur, et ne voulut voir ni le roi Charles II, ni ses ministres.

En 1804, lors de l'avénement de Napoléon, Louis XVIII, *roi légitime*, vit refuser ses ambassadeurs par tous les cabinets. Il n'existait plus alors qu'une France impériale et un empereur, que vinrent saluer les ambassadeurs de toutes les puissances, et qui eut ses représentants dans toutes les capitales du continent européen.

Mais, si le seul fait de la possession suffit à un usurpateur pour qu'on reconnaisse ses ministres, et qu'il en reçoive des autres nations, le seul droit doit suffir à un roi détrôné ou expulsé de ses États pour lui assurer cette prérogative à l'égard des cours qui trouvent intérêt à ne pas reconnaître son ennemi, et il doit en jouir de leur consentement, tant que leurs relations avec son ennemi ne sont pas changées et qu'il n'a pas renoncé formellement à la souveraineté. C'est ainsi que le roi de Danemarck, Christiern, en 1448, et Jean Zapoly, roi de Hongrie, continuaient d'avoir des ministres dans les cours étrangères pendant leur exil.

Ainsi encore, en 1688, Louis XIV accueillit magnifiquement les ambassadeurs de Jacques II et Jacques II lui-même, détrôné par Guillaume d'Orange, son gendre.

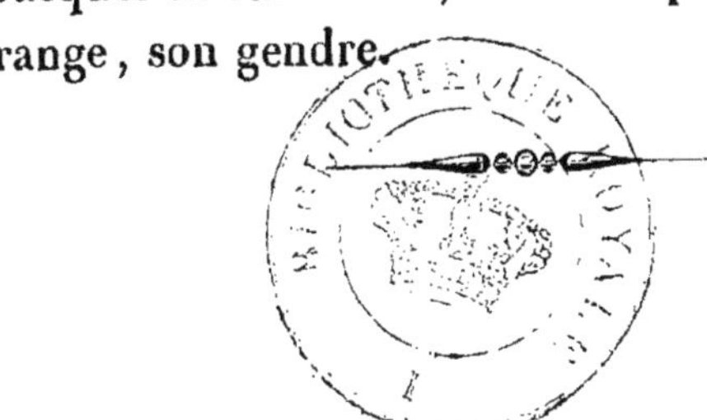

www.ingramcontent.com/pod-product-compliance
Ingram Content Group UK Ltd.
Pitfield, Milton Keynes, MK11 3LW, UK
UKHW021208220726
13924UKWH00003B/1402

9 782019 913915